W0399684

Schirner Verlag

CHRISTINE ARANA FADER

Die CHAKRA REVOLUTION

EIN ARBEITSBUCH FÜR DEINEN WEG IM WANDEL UNSERER ZEIT

Schirner Verlag

Die Ratschläge in diesem Buch sind sorgfältig erwogen und geprüft. Sie bieten jedoch keinen Ersatz für kompetenten medizinischen Rat, sondern dienen der Begleitung und der Anregung der Selbstheilungskräfte. Alle Angaben in diesem Buch erfolgen daher ohne Gewährleistung oder Garantie seitens der Autorin oder des Verlages. Eine Haftung der Autorin bzw. des Verlages und seiner Beauftragten für Personen-, Sach- und Vermögensschäden ist daher ausgeschlossen.

ISBN 978-3-8434-1262-9

Christine Arana Fader:
Die Chakra-Revolution
Ein Arbeitsbuch für deinen Weg
im Wandel unserer Zeit

Umschlag: Murat Karaçay, Schirner, unter Verwendung von #301241081 (©An Vino), www.shutterstock.com
Layout: Simone Leikauf, Schirner
Lektorat: Kerstin Noack, Schirner
Printed by: Ren Medien GmbH, Germany

www.schirner.com

1. Auflage August 2016

Eine erlöste Welt
voller Frieden und Glückseligkeit
beginnt in dir!
Lass uns anfangen.

Nimm deinen Lieblingsstift, und hauche diesem Buch Leben ein,
damit es am Ende dein ganz persönliches
»Zauberbuch« sein kann.

Hab keine Scheu.

Es ist wichtig, dass du dieses Buch, zu DEINEM Buch machst.
Dies tust du, indem du ein Foto einklebst und
deinen Namen niederschreibst.

Dies ist ein Arbeitsbuch, dieses Buch ist ein Ritual.
Dieses Buch ist ein UPGRADE für dein System.
Bewahre es an einem besonderen Ort,
und überlasse es keiner anderen Person.
Möglicherweise beginnt hier auf diesen Seiten
etwas Unglaubliches für dich.

ALLES IST MÖGLICH
&
WUNDER GESCHEHEN.

SO WIRD ES SEIN.

Dieses Buch gehört:

Name: ....

Klebe hier ein Foto von dir ein.

Foto

Inhalt

Einleitung 10

Die Vision einer Neuen Welt 14

Deine Neue Welt 15
Dankbarkeit 18
Aranas Neue Welt 26
Kraft deiner Worte 28

Die Chakra-Revolution 30

Wurzel-Chakra 35
Sakral-Chakra 40
Solarplexus-Chakra 44
Gottes erste Töne 49
Herz-Chakra 50
Hals-Chakra 54
Stirn-Chakra 57
Kronen-Chakra 60
Alpha-Chakra 63
Ananda-Khanda-Zentrum 68
Omega-Chakra 71
Der Erdstern 74
Verbindung aller Chakren 79
Dein Chakrabild 84

Auf neuen Wegen in die Neue Welt 86

Neue Gebete 89
Neue Politiker 93
Neue Regeln 95

Erkenntnisse ... 98
Erfüllen statt füllen ... 99
Entscheidungen ... 104
Neue Partnerschaften ... 106
Begegnungen ... 113
Helfer ... 122
Die Dämonen unserer Welt ... 125
Angst ... 131
Liebe ... 138
Möglichkeiten ... 144
Fülle & Reichtum ... 148
Vergangenheit ... 153
Dort, wo du bist, bist du richtig ... 158
Die Tornados des Lebens ... 160
Alle Zweifel loslassen ... 162

Momente der Achtsamkeit ... 166
Sei gnädig mit dir selbst! ... 167
Der Brief ... 168
Zeit für Entspannung ... 172

Die Magie der neuen Welt ... 176
Love is in the air ... 177
Magie – ein Zauber, der die Welt verändert ... 178
Seelenherz ... 182
Von der 3. in die 5. Dimension ... 185

Nachwort ... 189
Über die Autorin ... 192
Bildnachweis ... 192

Einleitung

Eine befreite und erlöste Welt, Goldenes Zeitalter, Aufstieg, kollektives Erwachen …? Seit 2012 ein großes Thema. Immer wieder stoße ich darauf. In meinen Workshops, in der Begegnung mit Menschen, aber auch in mir selbst. Ohne Unterlass schwingt es in mir: Die Neue Welt ist da. Diese Entscheidung habe ich im Januar 2013 für mich getroffen, und nun halte ich an dieser Entscheidung fest, weil ich glaube, dass es so geht – das ist der erste Schritt.

Dieser Schritt muss gegangen werden, denn nur, wenn wir an eine Neue Welt glauben, kann sie entstehen. Die Zukunft wird im Jetzt geboren, sie entsteht im Augenblick jeder unserer Entscheidungen.

Doch was nun? Wenn ich mich in der Welt umschaue, sehe ich Krieg, Nöte, Unverzeihliches, Tragisches … vieles, was mein Herz schwer macht. Aber ich bin so tief in mir mit dem Wissen verbunden, dass die Neue Welt da ist, dass ich versuche, diese Dinge zu verstehen, ohne zu verzweifeln und ohne Angst zu spüren. Im Jahr 2012 kamen Energien zu uns, die uns viele Möglichkeiten schenken – unterstützende Energien. Nun ist es an uns, diese Möglichkeiten zu nutzen. All das Schlimme in der Welt, das wir täglich präsentiert bekommen, sind die Schatten, die sich zeigen, um die Herrschaft der Angst stabil zu halten. Mein Herz weint ganz oft und sendet Licht über die ganze Welt. Doch es ist wichtig, etwas zu lernen. Lerne mitzufühlen, ohne im Leid der Welt zu versinken, denn wenn du mitleidest, wird dir dies Kraft rauben. Lerne zu lieben – und zwar alles, was ist. Auf diese Weise nimmst du der Angst den Boden, auf den sie fallen könnte, um in dir als Schatten zu leben. Wir, die Menschen, die an eine Neue Welt glauben, sind das Licht, und mit den Energien, die uns nun zur Verfügung stehen, haben wir die Möglichkeit, alles zu verändern. Wir sind vor sehr langer Zeit von einer Liebesherrschaft in die Angstherrschaft gegangen, und noch immer herrscht die Angst auf unserem blauen Juwel, der Erde. Diese Angstherrschaft ist gewollt, wäre sie nicht gewollt, hätten wir sie nicht – ganz einfach. Und jene, die die Angstherrschaft wollen, die sind nicht auf unserer Seite, logisch … stimmt's?! Aber sie sind auch keine Feinde! Sie haben sich nur verirrt, sie sind wie Blinde in einem Labyrinth, sie sind verloren.

Ich schreibe dieses Buch, weil ich die Welt verändern möchte, und ich weiß, du willst es auch. Lass uns gemeinsam an einem Strang ziehen, lass uns gemeinsam unsere Kräfte finden und bündeln. In der Gemeinschaft werden wir es schaffen. Die Neue Welt ist schon längst da, und sie hat neue Menschen erschaffen: Wir sind die neuen Menschen, die Herzmenschen.

Herzmenschen sind für mich Menschen, die mit ihren Herzen sehen, hören, verstehen und sprechen. Menschen, die ihren Kopf dazu benutzen, um in ihrem Herzen einen Raum des Wirkens zu erschaffen. Menschen, die ihre männlichen und weiblichen Energien befreien und sie so einsetzen, wie es die göttliche Quelle für uns gedacht hat. In solch einem Menschen öffnen sich von ganz alleine die inneren Felder von Weisheit, Güte und Verständnis. Alle Irrtümer dieser Welt erkennt solch ein Mensch, und er lebt hier auf Erden ein erfülltes und reiches Leben. Wenn wir unsere Schätze im Inneren bergen, dann brauchen wir im Außen keine

Schätze mehr. Unsere Weisheit wird uns zeigen, dass kein Schatz der äußeren Welt an den Glanz und die Pracht der eigenen inneren Schätze herankommt. Wenn du deine innere Schatztruhe geöffnet hast, dann brauchst du vieles, was du im Außen so sehr begehrst, nicht mehr. Eine Neue Welt entsteht in uns, in unserem Inneren, in jedem einzelnen Menschen. Egal, welche Hautfarbe er oder sie hat, egal, zu welchem Gott er oder sie betet, wir alle wollen Frieden und Freiheit für alle Wesen. Auch jene, die im Moment über so etwas nicht nachdenken ... wir werden es ihnen zeigen. Wir zeigen ihnen, dass wir hier auf der Erde ein Paradies haben. Das Paradies ist kein Mythos aus Geschichten oder alten Schriften, es ist die Wahrheit – letztendlich vielleicht sogar die einzige, die es gibt.

Höre jetzt auf zu zweifeln, das Einzige, was dir der Zweifel bringt, ist, dass du verzweifelst, sonst kann der Zweifel nichts. Also höre auf zu zweifeln, und fange an zu glauben. Ich selbst weiß, wie mächtig der Zweifel ist. Auch ich erliege ihm ab und an, doch nur für kurze Zeit. Ich habe für mich beschlossen, den Zweifel aus meinem Leben zu verbannen. Er ist so unsexy und trostlos, das brauchst weder du noch ich.

Dieses Buch eröffnet dir Möglichkeiten, einen weiteren Schritt in Richtung Neue Welt zu gehen. Es soll dir neue Gedanken, neue Ideen, neuen Mut und deinem ganzen System eine völlig veränderte Schwingung einhauchen. Öffne dein Herz: Veränderung braucht Veränderung. Mut braucht Mut. Neue Gedanken entstehen durch neue Gedanken, und eine neue Schwingung für dein System braucht eine (innere) Revolution – eine Chakra-Revolution.

Die Vision einer neuen Welt

Deine Neue Welt

Es beginnt! Jetzt, in diesem Augenblick … lächle!

Nun, wir wissen, dass wir uns eine Neue Welt wünschen, aber hast du sie dir schon einmal ganz genau vorgestellt? Mit dem, was wir sagen und denken, kreieren wir unsere Zukunft, das ist nichts Neues, das haben wir alle irgendwann schon einmal gehört. Aber jetzt ist es wichtiger denn je, zu erkennen, welches Geschenk darin liegt. Kreiere deine Neue Welt, fange jetzt damit an. Alle Kraft der Zukunft wächst aus der Gegenwart, entsteht jetzt. Wie soll sie aussehen, deine Zukunft? Lehne dich zurück, und schließe deine Augen. Visualisiere deine Neue Welt. Wie sehen die Häuser aus? Wie sehen die Straßen aus? Wird es Autos geben? Wird es Frieden geben? Wird es große Konzerne geben? Wird es genügend Nahrung für alle geben? Wird sie ein Ort der Ruhe und Harmonie sein?

Nimm dir Zeit, und lasse in deinem Inneren deine Neue Welt entstehen. Nimm dir Zeit, und gehe in die Details. Frage dich: »Was wäre, wenn« … z. B. Autos und Flugzeuge, brauchst du sie in deiner perfekten Neuen Welt? Musst du wirklich reisen, wenn dein Zuhause ein Paradies ist? Oder musst du wirklich so schnell reisen, wenn du alle Zeit der Welt hast? Überlege dir, was du wirklich brauchst, um glücklich zu sein, und dann lasse diese Bilder vor deinem inneren Auge entstehen.

Wie sieht deine NEUE WELT aus?
Schreibe es hier nieder:

(Habe keine Scheu, dies ist ein Arbeitsbuch. Es ist überhaupt nicht schlimm, wenn später etwas durchgestrichen werden muss. Nur du kannst diesem Buch Leben geben, damit es am Ende wie ein befreiendes Ritual für dich schwingen kann. Wenn Seiten zum Niederschreiben nicht ausreichen, dann lege welche ein oder klebe sie ein. Falls du das Bedürfnis hast, eine Seite herauszureißen, dann bitte mache das, du bist der Schöpfer. Erschaffe hier etwas Einzigartiges für dich.)

....

....

....

....

....

....

....

....

....

Deine NEUE WELT beginnt jetzt.

Dankbarkeit

Um zu überprüfen, ob du bei deiner Neuen Welt an alles gedacht hast, mache folgende Übung: Schreibe auf, wofür du dankbar bist, rückblickend auf das vergangene Jahr oder dein Leben. Wofür bist du jetzt in diesem Moment dankbar. Oft finden wir auf dem Weg der Dankbarkeit das, was wir uns wirklich wünschen. Die Dankbarkeit ruft uns oft in Erinnerung, was wichtig ist. Und wenn wir uns Zeit nehmen, die Situationen und Begebenheiten, für die wir dankbar sind, zu visualisieren, beleben wir etwas in unserer Vergangenheit. Mit unseren Gefühlen und Emotionen ziehen wir die Kraft aus der Vergangenheit in die Gegenwart, und sie wird unweigerlich in unsere Zukunft fließen.

Also, schreibe auf, wofür du dankbar bist. Erinnere dich, und fühle die Dankbarkeit. Und wisse, du hast den Rest deines Lebens Zeit, diese Seiten zu füllen.

Und nun denke an deine Neue Welt. Lasse dir Zeit, schließe die Augen, und visualisiere deine Neue Welt für einen Augenblick. Dann denke an die kommenden zwölf Monate.

Und nun schreibe auf, wofür du DANKBAR SEIN wirst in den kommenden Monaten.

LÄCHLE … deine Neue Welt entsteht jetzt.
Doch die Übung ist noch nicht fertig!
Wofür wirst du in den zwölf Monaten danach dankbar sein, also in ca. zwei Jahren?

Und wofür wirst du noch ein Jahr später,
also in ca. drei Jahren, dankbar sein. Schreibe es auf ...
es wird dein Leben verändern.

Diese Übung ist sehr wichtig, bitte überspringe sie nicht. Mit ihr kommen Kräfte in Bewegung, die nicht zu unterschätzen sind. Lies in den kommenden Tagen das, was du geschrieben hast, immer wieder durch. Ändere, was geändert werden muss, und füge hinzu, was fehlt. Du bist der Schöpfer deiner Zukunft, und somit auch der Schöpfer unser aller Zukunft. Du hast die Macht, etwas zu verändern, doch beginnen musst du in dir. Die Zukunft beginnt jetzt, und sie liegt in dir – genauso wie in mir. Wage zu träumen. Wage, größer zu träumen, und wende dich von Menschen ab, die deine Träume zerstören wollen. Lasse dir von niemandem deine Träume nehmen oder schmälern, niemals. Erkenne auch deine eigenen inneren Traumzerstörer, bekämpfe sie, und siege – für uns alle.

Träume von einem Paradies. Wenn du für etwas dankbar bist, was in deiner Zukunft liegt, wirst du es erschaffen. Diese Magie liegt in uns allen. Viele nutzen sie bereits. Diejenigen von euch, die mit dieser Magie erfolglos sind, haben noch nicht gelernt, den Zweifel aus ihrem Leben zu verbannen. Wenn du zu diesen Menschen gehörst, lies noch einmal den Einleitungstext – lies ihn ruhig öfter. Fordere dich selbst, bis die Worte aus deinem Kopf in dein Herz fallen.

Kollage

Erstelle eine Kollage. Klebe ein Bild von dir in die Mitte und dann um dich herum alles, was für dich wichtig ist – alles, was du in deiner Neuen Welt haben willst, was dich umgeben soll. Gerne kannst du auch Worte wie z. B. »Frieden« mit einem schönen Stift dazu schreiben.

Kollage

Aranas Neue Welt

In meiner Neuen Welt werde ich in einem Land leben, in dem es immer Sommer ist. Ich werde ein Pferd und einen Hund als Begleiter haben, oder mehrere. Ich möchte nichts besitzen, außer etwas zum Anziehen. Meine Arbeit werde ich weiterhin so tun wie jetzt, aber da ich nichts besitze, wären meine Workshops, Vorträge und Bücher alle kostenlos. Überall, wo ich hinkomme, werden meine Tiere und ich versorgt, und wir werden überallhin reisen. Ich wünsche mir, ganz frei zu sein, auch frei von allen Ängsten. In meiner Neuen Welt wird es keine Autos und Flugzeuge geben. Wir alle werden Zeit haben, um langsam und mit Genuss zu reisen.

Es wird Priesterinnen geben, die Geburtshäuser leiten. Dort können Mütter so lange bleiben, wie es nötig ist. Diese Orte werden besonders schön und behütet sein. Tiere leben frei. Die Gemeinschaften produzieren selbst, was sie benötigen. Alle machen mit, und jeder leistet das, was er kann.

Wir lernen die Sprache der Tiere, um sie fragen zu können, ob sie helfen wollen, oder um sie darum zu bitten. Und wir werden überrascht sein, wie gerne sie bei uns sind, um uns zu helfen. Ein Pferd trägt dich gerne ein Stück, sonst wäre es nicht so unglaublich leicht, es zu zähmen. Eine Kuh teilt gerne ihre Milch mit deinem Kind. Wir müssen sie nicht zwingen, wir müssen ihr ihr Kalb nicht wegnehmen, sie wird es aus Liebe freiwillig tun und gehen, wenn es nicht mehr passt.

In meiner Welt werden wir alle durch die Art, wie wir leben, lichtvoller werden und viel weniger Nahrung brauchen. Es wird keine Religionen geben, sondern nur den Glauben an die Liebe, die in allem ist. Doch jeder kann sich mit seiner Spiritualität frei entwickeln. In diesem Umfeld und mit dieser Lebensweise werden sich unsere Herzen öffnen, sodass alle in Harmonie und im Gleichklang schwingen.

Es soll Sterbehäuser geben: Jeder kann, wann immer er will, seinen Körper verlassen. Sterbenden wird geholfen, und sie werden betreut. Die Zahl der Bevölkerung wird sich verringern, weil jeder spürt, wann Lady Gaia überlastet ist.

Wie du siehst, ist meine Neue Welt so beschaffen, dass es in meiner Wahrnehmung möglich ist, sie morgen umzusetzen. Aber bitte lasse dich davon nicht beeinflussen. Wenn deine Neue Welt viel utopischer ist, dann ist das okay. Ich muss es so machen, damit ich daran glauben kann, aber ich freue mich über deine utopische, völlig andere Neue Welt, sie fühlt sich wundervoll an. Wichtig ist, dass du daran glaubst. Und wichtig ist, dass du die Neue Welt eines anderen nicht beurteilst – alleine mit diesem Schritt erschaffst du ein Stück Neue Welt. Jeder ist frei, auch in seinen Gedanken und Wünschen. Und keiner sollte dies schmälern, indem er negativ darüber spricht oder denkt.

Für mich ist Lady Gaia das Paradies, so, wie sie ist. Allein wir müssen uns ändern, alles andere erscheint mir im Moment perfekt. Würde ich dieses Kapitel in zehn Jahren noch einmal schreiben, würde es vielleicht anders aussehen. Und das ist okay, ich lerne, so wie du, jeden Augenblick. Wir beide erweitern unseren Horizont mit jedem Atemzug, das ist wundervoll und auch tröstend.

Kraft deiner Worte

Jedes Wort, das du sprichst, hat Kraft. Jedem Wort wohnt ein Zauber inne. Für eine Neue Welt ist es wirklich wichtig, das zu verstehen. Du kannst mit Worten Menschen aufbauen, Kraft spenden, Liebe geben, aber genauso kannst du mit Worten Menschen niederschmettern und zerstören. Das gilt auch für dich selbst. Wie sprichst du über dich, und was denkst du tief in deinem Inneren von dir?

Worte sind Magie, egal, ob du es Mantra, Gebet oder Ritual nennst. Du bist, was du tief in dir drin denkst, was du bist. Vielleicht denkst du jetzt: »Ich bin ein guter Mensch« – aber ja, natürlich. Aber das ist doch nicht alles. Denke größer über dich. Du bist ein großartiger Mensch, du bist ein kraftvoller Mensch, du bist der Mensch, der die Welt verändern kann. Denke groß über dich. Darin liegt der Zauber, mit dem du Großes bewirken kannst, zum Wohle aller Wesen. Sprich von nun an nur noch positiv über dich. Sage laut zu dir selbst: »Ich bin großartig.« Und nun sage einmal laut zu dir selbst, und lege dabei eine Hand auf dein Herz: »Ich bin, die/der ich bin und schon immer war, seit Anbeginn der Zeit«. Spüre dich, spüre dein eigenes Seelenlicht. Wiederhole diese Worte mehrfach, und lasse dich von deinem eigenen Seelenlicht einhüllen. Jedes deiner Worte ist Magie, hat Kraft und kann diese Welt verändern.

Lasse dich nicht dazu hinreißen, negativ zu sprechen – nicht über dich, nicht über andere, auch nicht über deine Arbeit oder deinen Körper. Da wir Menschen sind, wird es ab und an doch passieren – mir passiert es auch. Sehr unspirituelle Worte hüpfen laut aus mir heraus, wenn mir auf der Autobahn jemand zu dicht auffährt und dann auch noch aufblendet. Oder wenn die Schlange bei der Post mal wieder bis auf die Straße reicht. Dann sinkt ab und an all meine lichtvolle Energie in den Keller …! In solchen Momenten sei gnädig mit dir selbst, bemerke es, und ziehe deine Energien wieder zurück, lächle, und segne dich und die Situation. Der erlösende Zauber liegt darin, dass du es wahrnimmst. Dann wird es immer weniger und weniger passieren – das nennt man dann Bewusstseinserweiterung.

Die Chakra-Revolution

Die beiden vorangegangenen Kapitel waren eine Vorbereitung für das, was jetzt kommt, denn zum einen ist die »Chakra-Revolution« ein neuer Weg, und zum anderen sollte dir bei den Übungen sehr bewusst sein, dass deine Worte eine große Kraft besitzen, denn wir werden in den folgenden Übungen auch mit Worten arbeiten. Besonders das Kapitel »Kraft deiner Worte« will ich dir deshalb noch einmal ans Herz legen. Lies es zwischendurch immer mal wieder, damit du nicht vergisst, was du mit Worten erreichen kannst.

Einige spirituelle Lehrer stellen das Chakrasytem um, wie zum Beispiel Diana Cooper, sie verwendet allerdings andere Farbtöne. Natürlich habe ich über diesen Ansatz nachgedacht und mich immer wieder überprüft. Es geht vordergründig darum, etwas zu verändern, und die Schwingungen sollten sich für Kopf und Herz gut und frei anfühlen. Es gibt nur einen Weg: Probiere es aus, und erkunde deine eigene neue Wahrheit.

Ich gehe davon aus, dass du dich mit Chakren auskennst. Ich werde hier nicht die einzelnen Themen der Chakren beschreiben. Falls du dich nicht mit ihnen auskennst, nun, umso besser, dann ist es für dich kein Zufall, dass du dieses Buch in deinen Händen hältst. Zufälle gibt es nicht. Dies ist eine Chance, eine Möglichkeit. Öffne dich für neue Wege, für neue Schwingungen, ohne das Alte zu beurteilen. Alles ist gut, alles ist richtig. Das Einzige, was zählt, ist die Bewegung – das bedeutet Leben, das bedeutet Voranschreiten. Das bedeutet Veränderung. Eine Neue Welt will entstehen, das bedeutet, wir dürfen die alte loslassen.

Vor vielen Jahren habe ich zwei ganz unterschiedliche Workshops besucht. Bei beiden ging es unter anderem um die Chakren. Die Chakrafarben wurden gelehrt und was noch so dazugehört. Alles fühlte sich damals richtig für mich an, es war eine wundervolle Zeit. In beiden Workshops habe ich gelernt, dass das Wurzel-Chakra das Angst-Chakra ist. Man mag jetzt diskutieren und streiten, wie der genaue Wortlaut war ... grundsätzlich wurde erklärt, dass im Wurzel-Chakra unsere Ängste und Urängste sitzen, dass dieses Chakra das Angst-Chakra ist und dass es mit der Farbe Rot in Balance gebracht wird. Sehr deutlich konnte ich die Ängste dort spüren, doch ganz oft grübelte ich darüber nach, ob dies wirklich meine Ängste waren. Heute weiß ich, dass es nicht so war.

Ich habe von Anfang an mein eigenes zweites Chakra immer in Gelb wahrgenommen, obwohl es doch orange sein sollte. Ich habe damals mit viel Mühe versucht, es orange zu machen, so, wie es richtig sein sollte … aber ohne Erfolg, es blieb gelb.

Je mehr ich an mir arbeitete, desto mehr wurde mein Wurzel-Chakra violett. Das fühlte sich für mich gut und richtig an. Nun, bald hat mich die Geistige Welt zu einer spirituellen Ausbildung geführt. Dort wurden neue Chakrafarben aufgezeigt, und siehe da, das zweite Chakra sollte nun gelb sein, ich war begeistert. Ich stellte alle Chakren auf neue Farben um. Es ging so leicht, es war für mein System so selbstverständlich, ja, sogar so, als wäre es wirklich an der Zeit.

Leider gab es für mich zu dieser Zeit keine ausreichenden Erklärungen dafür. Ich will alles auch gerne ein bisschen mit meinem Kopf verstehen, denn dann kann ich es besser annehmen. Es muss sich für mich immer gut anfühlen, aber auch einen Sinn ergeben – irgendwie für Kopf und Herz logisch sein. Glücklicherweise begleiten mich von Anfang an Lehrer aus der Geistigen Welt, die mich schulen. Mein erster Lehrer, als ich bewusst den spirituellen Weg einschlug, war Uriel. Er war es auch, der mich als Erster über die Drachenkraft aufklärte und mich später mit Erzengel Michael verband. Dann kamen Maria, Metatron und Merlin dazu. Und hier will ich nun alles mit euch teilen … für unsere Neue Welt.

Mir wurde erklärt, dass es viele Irrtümer in der spirituellen Szene gibt und dass diese Irrtümer bewusst von jenen in das Feld gesetzt werden, die wollen, dass alles so bleibt, wie es ist – eine Welt, die von Angst beherrscht wird. Doch wir wollen etwas anderes, also müssen wir etwas verändern. Und eines ist sicher: Wenn wir etwas verändern wollen, dann müssen wir in uns beginnen!

Hier gibt es viele Möglichkeiten und Ansätze, wie zum Beispiel: Wünschst du dir Frieden auf der Welt, dann schau nach dem Frieden bei dir! Hast du Frieden mit deinen Eltern, mit deiner Familie, hast du Frieden mit deinem Körper, ist er gesund, biegsam? Hast du Frieden mit deinem Partner? Hast du Frieden in deinem Job, mit den Kollegen und deinem Chef? Alles, was du in dir heilst, wird die ganze Welt heilen. Mein Ansatz ist unter anderem die Umstellung des Chakrasystems, denn es ist so einfach, und es geht so leicht.

Wir wissen, dass Farben Schwingungen sind, sie sind Töne. Deswegen sagen wir ja auch »Farbton«. Mit der Umstellung der Chakrafarben verändern wir die Schwingungen in unseren Chakren und werden dadurch frei … oder ein Stück freier. Es ist ein einfacher Weg, um die eigene Schwingung zu erhöhen, um in die nächste Bewusstseinsstufe zu gelangen.

In vielen Workshops habe ich mit wundervollen Gruppen die Chakren auf die neuen Töne umgestellt, und die Feedbacks sind verblüffend. Bei ganz jungen Teilnehmern geht es so leicht. Sofort verändern sich auch die Themen im Leben. Bei älteren Menschen ist es ab und an etwas zäher, aber auch hier zählt letztlich das Resultat. Und das ist top. Wir stehen ganz am Anfang, die Neue Welt liegt vor uns. Sie ist wie ein weißes Blatt Papier, und wir können jetzt alles darauf schreiben, alles, was wir uns wünschen. Und alles, was wir uns nicht wünschen, werden wir hinter uns lassen. Das werden bald nur noch Erinnerungen sein, die verblassen und keinerlei Kraft mehr besitzen. Ich schreibe auf dieses weiße Blatt Papier eben neue Töne für neue Chakren in einer Neuen Welt, in der alle Wesen frei und glücklich sind. Bitte verstehe dies als Einladung, als Möglichkeit – probiere es einfach aus.

Wurzel-Chakra

Uns wurde gelehrt, dass dieses Chakra in Rot schwingt und dass dies das Angst-Chakra ist. Hier liegen unsere Ängste, unsere Urängste, die Farbe Rot soll dies ausgleichen. So wurde es uns beigebracht, aber ich habe so das Gefühl, dass das nicht so recht funktioniert … oder nicht mehr.

Die Aussage, dass unser Wurzel-Chakra unser Angst-Chakra sei, ist mittlerweile zu dominant, es schwingt im morphischen Feld. Und ich bin mir sicher, dass unsere Gegenspieler, die Energien, die die Welt in einer Angstherrschaft halten wollen, diese Aussage bewusst in unser Feld eingespeist haben. So läuft es doch prima. Wenn wir die Angst in uns tragen, wird sie immer auch im Außen sein. Ein brillanter Schachzug, vielleicht der bedeutendste, um die Angstherrschaft auf Lady Gaia stabil zu halten.

An der Farbe Rot ist nichts Schlechtes, nein, ganz im Gegenteil. Rot ist ein wundervoller Ton, der uns Kraft gibt. Doch wurde die Angst mit diesem Ton im Wurzel-Chakra verbunden. Ich sage, wir können mit einem Angst-Chakra in unserem System keine Neue Welt aufbauen. Das Wurzel-Chakra ist die Basis, auf der diese Neue Welt entstehen will, und dafür brauchen wir Vertrauen und Frieden, denn die Neue Welt beginnt in uns, an keinem anderen Ort, nur in uns. Diese Schwingung des Friedens schenkt uns der blaue Ton, ein tiefes Vertrauen zu allem, was ist.

Ich lade dich ein, es einfach einmal auszuprobieren. Mache die nachfolgende Übung, und spüre dich und deinen Körper, wenn das Wurzel-Chakra blau ist. Du wirst feststellen, dass durch diesen Ton eine tiefe Entspannung im ganzen Körper zu spüren ist. Du wirst spüren, wie dich das Blau trägt. Es fühlt sich an, als würdest du auf einer Wolke sitzen, als würdest du schweben, leicht und erlöst. Das Rot ist deshalb nicht schlecht, bewerte es nicht, es wird später, im 3. Chakra, wieder gebraucht. Rot ist eine wundervolle Schwingung, doch hier an dieser Stelle ist es zu sehr mit der Angst verschmolzen. Vielleicht magst du jetzt denken: Aber ich brauche das Rot in meiner Basis, weil ich dort die Kraft brauche für mein tägliches Leben. Glaube mir, wenn du in der Basis in Blau schwingst, wirst du so nie wieder denken, denn du wirst wissen, dass du die Kraft hast, um alles zu erreichen, was du erreichen willst … das nennt man Vertrauen. Alles ist da, alles, was du brauchst, ist da.

Noch eine Anmerkung:

Oft sehe ich Abbildungen oder Zeichnungen, auf denen die Chakren wie kleine Farbkugeln am Körper kleben. Diese Abbildungen sind für mich absolut falsch, und noch dazu beschränken sie unsere Chakren, weil sie uns vermitteln, diese wären kleine, abgeschlossene Kugeln. Dabei sind unsere Chakren wie Scheibengalaxien, die in uns schweben, aber nicht auf unseren materiellen Körper begrenzt sind. Sie sollten ausgedehnt sein, weit über den Körper hinaus. Nur so kann auch unser Lichtkörper wachsen.

Übung

Zünde dir Kerzen an (wenn du hast, gerne blaue), und lasse eine schöne meditative Musik laufen. Setze dich aufrecht auf einen Stuhl oder ein Meditationskissen, am besten vor deinen Altar, wenn du einen hast. Konzentriere dich für einen Moment auf deinen Atem. Nimm dir Zeit, innerlich ganz ruhig zu werden.

Verbinde dich mit Mutter Maria*, bete zu ihr, sprich zu ihr, rufe sie, und bitte sie um Hilfe, bitte um Unterstützung. Alle Engel, Meister, Tiere und einige andere hochentwickelte Wesen wollen dir helfen. Mutter Maria unterstützt dich, da sie sich eine Neue Welt ganz besonders für die Kinder wünscht. Versuche, Mutter Maria im Raum zu spüren. Rufe immer wieder ihren Namen, und bitte sie um Unterstützung. Sage ihr, sie möge dir die Energien geben, die du brauchst, um deine Neue Welt zu erschaffen, zum Wohle aller Wesen. Dann visualisiere einen großen Glaskrug, der direkt vor dir steht. Dieser Glaskrug ist sicher einen Meter hoch, oder sogar noch größer, und nun füllt sich dieser Glaskrug von unten nach oben mit blauer Farbe, mit blauem Licht, bis ganz an den Rand. Stelle dir vor, dass dieser Glaskrug hochschwebt, nach vorne umkippt und dass das blaue Licht in dein Wurzel-Chakra hineinfließt.

Wenn der Krug leer ist, stelle ihn langsam auf den Boden, und schaue, ob noch etwas nachfließt. Möglicherweise füllt sich der Glaskrug erneut mit blauem Licht, vielleicht dieses Mal nur bis zur Hälfte oder auch nur zu einem Viertel. Fülle den Rest auch in

---

* In dieser und den folgenden Übungen arbeitest du mit Engeln und Meistern, die dich bei der Umstellung der Chakrafarben unterstützen. Solltest du bisher noch nie mit ihnen gearbeitet haben, empfehle ich dir zur Einstimmung: Jeanne Ruland: Die Gegenwart der Meister. Schirner Verlag, 2015.

dein Wurzel-Chakra, so wie beim ersten Mal. Es kann aber auch sein, dass nichts nachfließt, dann war es genügend.

Dann konzentriere dich auf dieses Chakra, nimm einen kraftvollen Atemzug blaues Licht in dein Wurzel-Chakra hinein, und spüre, wie es sich ausdehnt. Nimm einen zweiten Atemzug blaues Licht in dein Wurzel-Chakra hinein, und spüre, wie dich dieses Chakra trägt. Lasse das Blau dort einen Moment schwingen, genieße es. Dann nimm einen Atemzug goldenes Licht in dein blaues Wurzel-Chakra hinein, und forme aus diesem Licht eine liegende Acht. Lasse diese Acht schwingen und zirkulieren, wie ein Fluss aus goldenem Licht. Denke immer daran, dass weder das blaue Licht noch die goldene Acht auf den Körper beschränkt sind, lasse sie darüber hinaus leuchten.

Visualisiere dieses innere Bild: ein blaues Wurzel-Chakra mit einer goldenen liegenden Acht, die lebendig schwingt und fließt.

Dann gehe mit deiner Aufmerksamkeit in dein Herz. Lasse aus deinem Herzen heraus den Zauber von »Alles ist möglich« entstehen, spüre die erlösende Kraft dieser Worte. Dann lasse diese Worte wie Balsam aus deinem Herzen nach unten in dein blaues Wurzel-Chakra fließen. Lege diesen Zauber in deine goldene liegende Acht, und sieh, wie sie aufleuchtet. Spüre, wie sie sich ausdehnt, und spüre, wie eine tiefe Entspannung durch deinen ganzen Körper fließt. Lasse die Worte »Alles ist möglich« in deiner goldenen Acht schwingen und fließen. Dann gehe erneut mit deiner Aufmerksamkeit in dein Herz. Spüre die Kraft deines Herzens, und dann entfessele dort den machtvollen Zauber der Worte »Ich bin in tiefem Vertrauen mit allem, was ist«. Spüre die Magie dieser Worte. Lasse auch diese Worte aus deinem Herzen nach unten sinken, und lege den Zauber in deine goldene Acht, in dein blaues Wurzel-Chakra.

Ich wiederhole dies hier mehrfach, damit du es immer wieder visualisierst – darin liegt die Kraft. Beobachte mit deinem inneren Auge, wie sich die Worte »Ich bin in tiefem Vertrauen mit allem, was ist« Wort für Wort, Buchstabe für Buchstabe in deine goldene Acht hineinlegen. Spüre, was in dir passiert, fühle deinen ganzen Körper.

Nun, kommen wir zum dritten und letzten Zauber. Gehe erneut mit deiner Aufmerksamkeit in dein Herz, entfessele dort mit all deinen Emotionen den Zauber der Worte »Ich bin der göttliche Friede in Tätigkeit auf Erden«. Möglicherweise kommen dir Tränen bei diesem Zauber, lasse sie laufen. Je höher deine Emotionen sind, desto kraftvoller ist die Macht der Worte. Lege diese Worte ebenfalls in deine goldene Acht. Lasse sie frei fließen, und fühle, was in dir passiert.

Verbinde dich erneut mit Mutter Maria. Sieh mit deinem inneren Auge, wie sie vor dir steht – oder fühle es. Bitte sie um einen Segen für dieses Chakra, und sieh oder fühle, was sie hineinlegt. Vielleicht ist es ein Wort oder ein Symbol, ein Gegenstand oder ein tiefes Gefühl. Nimm es wahr, und danke ihr.

Ich empfehle dir, diese Übung zwei- bis dreimal zu wiederholen, bevor du weiterliest.

Falls du dann feststellst, dass dein Wurzel-Chakra violett ist, ist das okay, das kann passieren. Dann wiederhole die Übung alle drei oder vier Tage. Wenn man rot und blau mischt, entsteht violett, aber mit der Zeit wird das Blau ganz und gar einfließen, vor allem dann, wenn das zweite und dritte Chakra auch umgestellt sind. Mache also mit den anderen Chakren weiter, und ab und an wiederhole die Übung für das Wurzel-Chakra, du hast alle Zeit der Welt.

Sakral-Chakra

Unser zweites Chakra bestimmt die Themen Lebensfreude, Leichtigkeit, Kreativität, Partnerschaft und Inneres Kind. Jetzt schau dir diese Themen an, sind sie in dir alle geheilt und erlöst? Sind sie in der Welt alle geheilt und erlöst? Nehmen wir einmal das Thema Partnerschaft: Es gibt immer mehr Singles, immer mehr Scheidungen und Beziehungen, die auf kurze Zeit begrenzt sind. Und wie sieht es mit den Ehen aus? Es gibt Ehen, die nur aus wirtschaftlichen Gründen bestehen, Frauen bleiben bei Männern, weil sie denken, sie könnten ohne einen Mann nicht überleben. Dann gibt es Partnerschaften, die nur geführt werden, weil man lieber eine unglückliche Partnerschaft lebt als alleine zu sein. Und wieder andere Ehen und Partnerschaften funktionieren nur, weil einer von beiden andauernd seine eigenen Wünsche missachtet, um es dem anderen recht zu machen. Natürlich sehe ich auch gute und wundervolle Beziehungen, aber leider viel zu wenige.

Und was ist mit dem Thema Leichtigkeit? Wandelst du mit Leichtigkeit durch dein Leben? Bei den meisten Menschen sind alle diese Themen des zweiten Chakras weder geheilt noch erlöst. Dann wären da noch die Themen Kreativität und Nach-der-eigenen-Natur-Leben ... na ja, was soll ich dazu sagen? Viele Menschen haben in ihrem Leben überhaupt keinen Raum für diese Themen, weder in ihrem Inneren noch im Außen. Bei einem spirituellen Menschen gehe ich davon aus, dass diese Räume leuchten und sehr wohl wahrgenommen werden, das macht mich froh. Und doch darf sich auch hier noch etwas tun, wir wollen diese Räume doch auch nutzen, sie leben, und das nicht nur am Wochenende, sondern jeden Augenblick. Und das Ganze dann bitte schön mit Leichtigkeit.

Gut. Das Wurzel-Chakra ist nun blau, und jetzt geben wir einen neuen Ton in unser zweites Chakra – Gelb. Der Ton der Leichtigkeit und Lebensfreude, aber auch ein Ton, der zu dir sagt: »Ich habe es verstanden, ich habe meine Lektionen verstanden.« Ein Ton, der öffnet – er bringt Licht, Lachen und dieses zauberhafte kindliche Gefühl von Entzückt-Sein.

Übung

Bereite dich und deinen Raum vor. Zünde Kerzen an (gerne gelbe, wenn du hast), und lasse eine meditative Musik laufen. Setze dich aufrecht auf einen Stuhl oder auf ein Meditationskissen. Wenn du einen Altar hast, dann setze dich vor diesen. Konzentriere dich für einen Moment auf deinen Atem. Nimm dir Zeit, innerlich ganz ruhig zu werden. Verbinde dich mit Meister Kuthumi. Bete zu ihm, sprich zu ihm, rufe ihn, und bitte ihn um Hilfe, bitte um Unterstützung. Sei achtsam, Meister Kuthumi kommt nie alleine. Wenn er den Raum betritt, öffnen sich lichtvolle Pforten. Er bringt Krafttiere mit, Naturwesen, Engel und Elben. Sei ganz Aufmerksam, und spüre den Meister mit seinem leuchtenden, gelben Licht ganz nah bei dir und all die Wesen, die er zur Unterstützung mitbringt. Es wäre schön, wenn du das Krafttier oder den Engel, der hilft, einlädst, einige Tage bei dir zu sein. Hier können wundervolle Verbindungen entstehen, die dich lange stützen – Partnerschaften, die dein Leben bereichern und leichter machen.

Dann beginne mit der Visualisierungsarbeit, genauso wie beim Wurzel-Chakra: Stelle dir den Glaskrug vor. Nimm wahr, ob er größer oder kleiner ist als bei der Wurzel-Chakra-Übung, und dann beobachte mit deinem inneren Auge, wie sich der Krug langsam von unten nach oben mit gelbem Licht füllt. Bis ganz oben zum Rand. Wie von Zauberhand schwebt der Krug über dem Boden, kippt um, und das gelbe Licht fließt in dein zweites Chakra hinein. Versuche, dies auch körperlich wahrzunehmen, es ist deutlich spürbar.

Stelle den Glaskrug wieder ab, wenn er leer ist, und schaue, ob noch etwas nachfließen will. Wenn ja, dann lasse auch den Rest in dein zweites Chakra fließen. Anschließend nimm einen kraftvollen Atemzug gelbes Licht in das Chakra hinein, und dehne es aus, lasse es leuchten. Nimm einen zweiten Atemzug gelbes Licht in dein Chakra hinein, und spüre die Kraft, die in diesem Ton verborgen liegt. Spüre, wie das gelbe Licht in deinem Sakral-Chakra schwingt. Jetzt nimm einen Atemzug goldenes Licht in dein zweites Chakra hinein, und forme daraus eine liegende Acht. Lasse diese Acht schwingen und zirkulieren, lasse sie fließen wie einen unendlichen Strom aus goldenem Licht. Gehe mit deiner Aufmerksamkeit in dein Herz, lasse in deinem Herzen die Worte und den Zauber von »Alles ist möglich« entstehen. Spüre die Magie dieser Worte. Lasse diesen Zauber wie heilender Balsam aus deinem Herzen fließen, und lege die Worte mit all ihrer Macht in die goldene Acht in dein Sakral-Chakra hinein. Sieh, wie die Acht aufleuchtet. Spüre, wie sie mit diesen Worten schwingt. Gehe erneut in dein Herz, und entfessele dort den Zauber der Worte »Mein Leben ist voller Leichtigkeit«. Lasse auch diesen Zauber in die liegende Acht in deinem gelben Sakral-Chakra fließen, und spüre, wie dein Inneres Kind lacht. Dieser Zauber ist voller erlösender Kraft. Visualisiere bei jedem Satz immer wieder, wie sich jedes Wort, jeder Buchstabe in die goldene Acht hineinlegt. Wiederhole dies einige Male. Lasse dir Zeit.

Nun, gehe nochmals in dein Herz, lasse dort die Worte »Ich bin die göttliche Freude in Tätigkeit auf Erden« entstehen. Spüre die Magie dieser Worte, und lege sie in deine goldene liegende Acht in deinem gelben zweiten Chakra. Spüre, wie deine Acht dort aufblitzt, aufleuchtet und sich ausdehnt.

Spüre, wie Meister Kuthumi vor dir steht. Bitte ihn um einen Segen, und sieh oder fühle, was er hineinfließen lässt. Bedanke dich.

Auch bei dieser Übung empfehle ich dir, sie zwei- bis dreimal zu wiederholen, bevor du weiterliest.

Solarplexus-Chakra

Das dritte Chakra ist das Solarplexus-Chakra, auch *Manipura Chakra, Nabelchakra* oder *Sonnengeflecht* genannt. Nun, ich nenne dieses Chakra »Machtzentrum«. Dieses Chakra ist unser Speicher für Sonnenenergie, für Prana, und somit können wir aus diesem Chakra heraus unglaublich vieles bewirken. Wir, die spirituellen Menschen, sind in der Neuen Welt angehalten, unsere Macht wiederzuerwecken – die Macht des Heilens, die Macht der übersinnlichen Wahrnehmungen, die Macht, Licht zu lenken, die Macht, eine bedingungslose Liebe wieder auf Lady Gaia zu manifestieren. Eine lichtvolle Macht, die für das Gute einsteht. In diesem Chakra erwecken wir auch unseren Mut, die Fähigkeit, uns durchzusetzen. Dieses Chakra schenkt uns eine unwiderstehliche Ausstrahlung. Hier erwecken wir eine lichtvolle Magie, die die Welt in ein Paradies verzaubern kann. Das Wort »Macht« ist bei vielen negativ belegt, genauso wie das Wort »Geld« oder »Reichtum« oder »Magie«. Hast du schon einmal darüber nachgedacht, dass dies in der spirituellen Szene bewusst gemacht worden sein könnte, damit wir schön die Finger davon lassen? Damit wir ja nicht machtvoll sind? Sonst könnte es ja passieren, dass wir die Welt verändern und aus Lady Gaia wieder ein Paradies für alle machen …

Es wird Zeit! Lassen wir uns nicht weiter manipulieren. »Macht« ist ein Wort, es ist völlig neutral, und du alleine bestimmst, was dieses Wort für dich bedeutet. Für mich hat es einen Flair von Freiheit und einen Duft von Sieg. Für mich bedeutet machtvoll sein, an mich selbst zu glauben, an die Kraft meines Herzens, an die Magie und die Liebe, die durch mich fließen seit Anbeginn der Zeit. Erhebe dich, straffe deine Schultern, sei stolz auf dich selbst.

Und jetzt hole deine lichtvolle Macht zurück. Lasse sie dir von niemandem klein machen, denn du wirst gebraucht, du erschaffst die Neue Welt.

Geben wir dem Solarplexus-Chakra einen neuen Ton, eine neue Kraft für unsere neue Welt – Rot.

Übung

Für dieses Chakra bereite dich besonders intensiv vor. Überprüfe deine innere Haltung: Bist du bereit, diese Welt zu verändern, ist dies der Antrieb? Atme tief ein und aus. Lasse in deinem Kopf deine Neue Welt entstehen, oder lies noch einmal, was du im Kapitel »Die Vision einer Neuen Welt« ab Seite 14 notiert hast. Erkenne, dass du dafür Mut brauchen wirst, Kraft, Durchsetzungsvermögen, Selbstbewusstsein.

Zünde Kerzen an (gerne rote, wenn du hast), und lasse eine meditative Musik laufen. Setze dich aufrecht auf einen Stuhl oder auf ein Meditationskissen. Wenn du einen Altar hast, setze dich davor.

Konzentriere dich für einen Moment auf deinen Atem. Nimm dir Zeit, innerlich ganz ruhig zu werden. Verbinde dich mit Jesus, bete zu ihm, sprich zu ihm, rufe ihn, und bitte ihn um Hilfe, bitte um Unterstützung. Spüre das Licht von Jesus ganz nah bei dir.

Dann visualisiere den Glaskrug. Sieh, wie er sich von unten nach oben mit rubinrotem Licht füllt. Verfahre wie bei den anderen Chakren. Fülle das Licht in dein drittes Chakra ein, und stelle den Krug zurück, um zu schauen, ob noch etwas nachfließt, wenn ja, fülle auch den Rest in das dritte Chakra.

Lasse das rote Licht in deinem Machtzentrum schwingen. Spüre es, spüre die Kraft. Dann nimm einen tiefen Atemzug rotes Licht in dieses Chakra hinein, und dehne das dritte Chakra mit diesem Atemzug aus. Nimm einen zweiten Atemzug rotes Licht in dieses Chakra hinein, und lasse es leuchten. Spüre, wie dieses Chakra weit über den Körper hinaus leuchtet.

Nimm dann einen Atemzug goldenes Licht in dein Machtzentrum hinein, und forme daraus eine goldene Acht. Spüre, wie diese Acht schwingt und fließt – wie ein unendlicher Fluss aus purem Gold. Gehe mit deiner Aufmerksamkeit in dein Herz. Lasse dort den Zauber der Worte »Alles ist möglich« entstehen, und lege diese Worte Buchstabe für Buchstabe in die goldene Acht in deinem roten dritten Chakra. Spüre, wie die goldene Acht kraftvoll aufleuchtet. Gehe erneut mit deiner Aufmerksamkeit in dein Herz, entfessele dort den Zauber der Worte »Ich gehe meinen Weg mit Mut«. Lasse die Magie der Worte in deine liegende Acht in deinem dritten Chakra fließen. Fühle, wie deine goldene Acht in hellen Tönen zu schwingen anfängt. Nun, lasse den Zauber der Worte »Ich bin bereit, ich nehme meine lichtvolle Macht an, zum Wohle aller Wesen« in dir entstehen, und lege auch diese Worte wie ein erlösendes Elixier in die goldene Acht hinein. Spüre, was passiert, beobachte das Chakra. Rufe Jesus, spüre oder sieh, wie er vor dir steht. Bitte ihn um einen Segen, und empfange das Geschenk von Jesus Christus. Genieße den Moment, und lasse das Licht der Dankbarkeit zu Jesus fließen.

Auch diese Übung kannst du gerne mehrfach wiederholen.

NOTIZEN

Schreibe auf, wie es dir geht, was du fühlst,
wie sich deine DREI NEUEN CHAKREN anfühlen:

UND NUN ENTSCHEIDE, ob du eine der Übungen wiederholen möchtest, bevor du weitergehst.

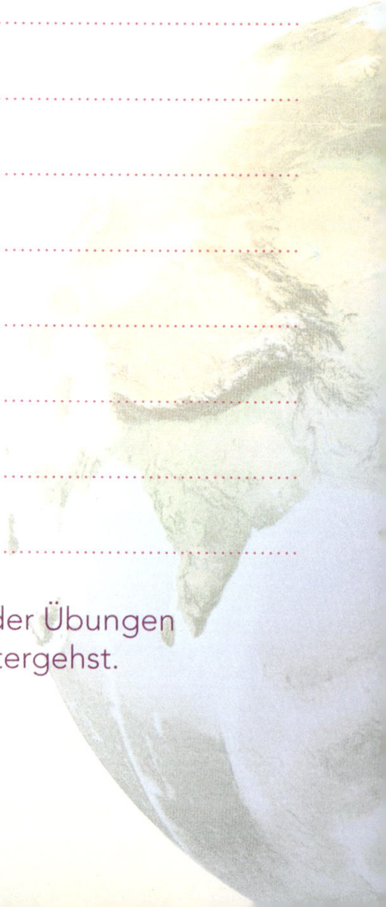

Gottes erste Töne

Blau, Gelb und Rot … was fällt dir auf? Richtig, das sind unsere Primärfarben. Diese drei Farben können nicht durch das Mischen von anderen Farben hergestellt werden, es sind reine Töne. Grün zum Beispiel ist keine Primärfarbe, da es entsteht, wenn man Gelb und Blau mischt, Violett ist eine Mischung aus Blau und Rot.

Farben sind Töne, sind Schwingungen. Wir tragen also nun die ersten drei Töne aus der göttlichen Quelle in uns, in den drei Chakren, die dem Körper am nächsten sind. Wie fühlt sich das an? Schließe deine Augen, visualisiere deine drei neuen Chakren, schaue sie dir an. Sieh, wie sie übereinander schweben. Ist ein Chakra kleiner als das andere? Wenn ja, passe das kleinere dem größeren an, dehne das kleinere aus, du kannst dafür die passende Farbe mehrfach einatmen. Tue dasselbe mit den goldenen Achten: Sie sollten alle gleich groß sein, parallel übereinander schweben und im Gleichklang voller Harmonie zirkulieren.

Herz-Chakra

Unser Herz ist der schönste Ort in unserem System – und, wenn es befreit und geheilt ist, auch der mächtigste. Denn es gibt nur eine wahre Macht, und das ist die Liebe. Die Angst wird immer gegen die Liebe verlieren, auch wenn es manchmal etwas dauern mag. Aber alle Legenden und Märchen erzählen davon, alle Lieder. Und mein Herz erzählt davon: Am Ende wird die Liebe siegen. Jetzt mag der ein oder andere denken: »Ja, toll, aber ›das Ende‹ ist noch nicht mal in Sicht.« Das stimmt nicht. Wenn du anfängst, deine Neue Welt zu visualisieren, ist es sehr wohl in Sicht. Lies, was du im Kapitel »Die Vision einer Neuen Welt« ab Seite 14 geschrieben hast. Wir lassen unser Herz-Chakra in Rosa aufleuchten, einem Ton, der öffnet und eine totale Entspannung bringt. Rosa ist der Ton, der alles harmonisiert, im Inneren wie auch im Außen, und die Kraft in der Mitte hält. Rosa ist der Ton der bedingungslosen Liebe, er schenkt unserem Herzen eine zärtliche, feminine Schwingung, die sich nun über einem blauen Wurzel-Chakra vollkommen und frei entfalten kann, wie eine Blume, die jetzt den richtigen Boden hat. Das Wurzel-Chakra und das Herz-Chakra haben eine direkte Verbindung, nur wenn wir im tiefen Vertrauen sind und die Themen des Wurzel-Chakras – wie Lebenskraft, Überlebensthemen und Sicherheiten, alles, was den Körper angeht – erlöst sind, kann das Herz seine wahre Kraft entfalten.

Übung

Wie bei den anderen Chakren zünde auch hier Kerzen an (wenn du hast, rosafarbene), und lasse meditative Musik laufen. Setze dich aufrecht auf einen Stuhl oder ein Meditationskissen. Konzentriere dich für einen Moment auf deinen Atem. Nimm dir Zeit, innerlich ganz ruhig zu werden. Verbinde dich mit Lady Nada, bete zu ihr, sprich zu ihr, rufe sie, und bitte sie um Hilfe, bitte um Unterstützung. Spüre das rosa Licht von Lady Nada ganz nah bei dir. Dann visualisiere den Glaskrug. Sieh, wie er sich von unten nach oben mit rosa Licht füllt. Möglicherweise glitzert dieses Licht so, als wären silberne und goldene Partikel darin. Das ist gut, lasse es funkeln. Dieses Glitzern und Funkeln ist die hohe Schwingung von Sternenstaub, dem Material, aus dem alles Leben einst entstanden ist. Verfahre wie bei den anderen Chakren: Fülle das Licht in dein Herz ein, und stelle den Krug zurück, um zu schauen, ob noch etwas nachfließt. Wenn ja, fülle auch den Rest in das vierte Chakra.

Wenn du so weit bist, dann nimm einen Atemzug rosafarbenes Licht in dein Herz-Chakra hinein. Spüre, wie sich dein Herz-Chakra ausdehnt. Sieh, wie es funkelt. Nimm einen weiteren Atemzug rosafarbenes Licht in dein Herz, und lasse das Licht in dir schwingen. Dann nimm einen Atemzug goldenes Licht in dein Herz-Chakra hinein, und forme daraus eine goldene liegende Acht. Spüre, wie diese Acht in deinem Herzen fließt, wie ein Fluss für die Ewigkeit, strahlend und leuchtend. Konzentriere dich auf den Kreuzpunkt dieser Acht. Dort, an der Stelle, an der sich die goldene Acht in deinem Herzen kreuzt, ist ein helles weißes Licht – dies ist dein Zentrum, dies ist deine Mitte, dies ist deine innere göttliche Quelle. Aus dieser Quelle heraus strahlt all deine schöpferische Kraft. Du bist ein Kind, geboren aus der göttlichen Quelle, und somit trägst du natürlich auch die Quelle in dir, so, wie jedes Kind etwas von Vater und Mutter in sich trägt. Spüre deine Mitte, spüre deine innere göttliche Quelle. Lasse aus dieser Quelle heraus den Zauber der Worte »Alles ist möglich« fließen, und lege diesen Zauber in deine goldene Acht im Herzen. Spüre die erlösende Kraft, die dieser Zauber in sich trägt. Lasse diesen Zauber eine Zeit lang wirken. Dann gehe erneut in deine innere göttliche Quelle. Lasse aus dieser Quelle heraus die Magie der Worte »Ich bin die göttliche Liebe in Tätigkeit auf Erden« fließen. Lege diese Worte Buchstabe für Buchstabe in die goldene Acht in deinem Herzen. Lasse dir Zeit, spüre, wie diese Worte in dir schwingen. Fühle, wie Lady Nada ihren hohen Segen über dich fließen lässt. Und zuletzt lasse aus deiner Quelle heraus die Worte »Ich bin, die/der ich bin und schon immer war« ebenfalls in die liegende Acht fließen. Spüre, wie sich die Acht ausdehnt, über deinen Körper hinaus strahlend und leuchtend. Genieße den lichtvollen Fluss deiner Energien in dir, und genieße in vollen Zügen das rosafarbene Licht von Lady Nada.

Mit dieser Übung öffnest du deine innere göttliche Quelle. Sie ist an der Stelle, an der sich deine goldene Acht im Herzen kreuzt. Dort ist ein weißes Licht. Dieser Ort ist unantastbar, das bedeutet, dieser Ort kann nicht beschmutzt werden. Hier können sich weder Blockaden noch Schatten anhaften. Dieser Ort ist rein. Es ist ein Tropfen aus der göttlichen Quelle allen Seins, den du in dir trägst. Dies ist dein größter Schatz. Aus diesem inneren Licht heraus fließt all deine Schöpferkraft, all deine Heilkraft, all deine Magie. Von diesem Ort aus kannst du die ganze Welt verzaubern, fange mit deiner Welt an. Der Welt, in der du jetzt gerade lebst. Dein Zuhause, dein Arbeitsplatz mit all den Menschen, mit denen du täglich zu tun hast. Lasse dieses Licht aus deiner Mitte heraus leuchten, immer, jeden Moment. Halte dieses Licht nicht zurück, denn es ist die Quelle der Glückseligkeit.

Lies an dieser Stelle nicht sofort weiter, sondern mache eine kurze Pause. Nimm dir Zeit, um diese Quelle in dir zu spüren.

Dann mache eine weitere kurze Übung:

Spüre deutlich deine innere göttliche Quelle. Löse aus ihr einen Lichtstrahl, lasse dieses Licht nach unten fließen, und verbinde den Kreuzpunkt der liegenden Acht in deinem Herzen mit dem Kreuzpunkt der liegenden Acht in deinem Machtzentrum. Verbinde diese beiden Chakren mit dem Licht aus deinem inneren göttlichen Kern. Dann lasse das Licht noch tiefer sinken, bis zum Kreuzpunkt der liegenden Acht in deinem Sakral-Chakra, und dann zum Kreuzpunkt deiner goldenen liegenden Acht in deinem blauen Wurzel-Chakra. Schaue dir diese vier neuen Chakren an, und stimme dem einfach einmal zu. Sage mit deiner inneren Stimme zu dir selbst: »Ja, so ist es gut.« Damit verankerst du die neuen Töne und auch die lichtvolle Verbindung von Chakra zu Chakra.

Konzentriere dich einen Moment lang auf diese Chakren, sind alle gleich groß? Sind alle goldenen Achten gleich groß und im Gleichklang, in absoluter Harmonie? Schweben alle vier parallel übereinander? Falls ein Chakra kleiner ist, oder eine Acht, wiederhole die Übung für dieses Chakra noch einmal, und dehne es aus. Du bist der Schöpfer, deine innere klare Absicht reicht, um dies zu tun.

Hals-Chakra

Unser Hals-Chakra ist der Ort unseres Ausdrucks. Wie drückst du dich aus? Hier geht es nicht nur um das Sprechen. Ein Künstler, der Bilder malt, drückt sich durch seine Bildern aus, eine Tänzerin durch ihren Tanz. Unsere Gedanken und unsere Gestik sind auch eine Form des Ausdrucks. Erinnerst du dich an das Kapitel »Kraft deiner Worte«? Wenn nicht, blättere zurück, und lies es noch einmal.

Gut.

In unserem Hals-Chakra verankern sich all unsere Glaubenssätze, die uns klein halten wollen, wie z. B. der Glaubenssatz »Ich bin dumm« oder »Ich bin hässlich«. Betrachte deine Seele. Niemand ist dumm oder hässlich, befreie dich davon. Sieh all deine Glaubenssätze als Prüfungen, die deine Stärke testen, und wachse über dich hinaus. Es ist okay, etwas nicht zu wissen, deswegen ist man noch lange nicht dumm. Es gibt eine Intelligenz des Herzens, sie ist viel wichtiger, denn sie wird unsere Welt retten.

Wir stellen das Hals-Chakra nun auf den Ton Violett um. Violett hat eine stark transformierende Schwingung. Hier geht es darum, unsere Worte, unseren Ausdruck lichtvoller zu machen, transformiert und befreit von all dem, was negativ in uns ist. Und wir transformieren unsere negativen Glaubenssätze, die wir von uns selbst haben. Die Farbe Violett hat einen ganz tiefen alten Zauber, sie berührt den spirituellen Teil in uns, sie berührt unseren Geist. Violett ist wie ein Fingerzeig auf den Weg der Seele, der immer zur göttlichen Quelle führt, im Innen wie auch im Außen. Mit einer violetten Schwingung wird dein Ausdruck von einem hohen spirituellen Licht geprägt sein, dein Ausdruck erhellt die Welt mit reiner göttlicher Ordnung. Hier offenbarst du dich der materiellen Welt.

Übung

Wie bei den anderen Chakren zünde auch hier Kerzen an, und lasse meditative Musik laufen. Setze dich aufrecht auf einen Stuhl oder ein Meditationskissen. Konzentriere dich für einen Moment auf deinen Atem. Nimm dir Zeit, innerlich ganz ruhig zu werden. Verbinde dich mit Saint Germain, bete zu ihm, sprich zu ihm, rufe ihn, und bitte ihn um Hilfe, bitte um Unterstützung. Spüre das violette Licht von Saint Germain ganz nah bei dir. Eine vorangegangene Inkarnation von Saint Germain war Merlin. Möglicherweise nimmst du den Meister auch als diese Person oder Schwingung wahr. Beide sind Träger des violetten Lichts.

Dann visualisiere den Glaskrug. Sieh, wie er sich von unten nach oben mit violettem Licht füllt. Verfahre wie bei den anderen Chakren. Lasse das Licht in dein Hals-Chakra fließen, und stelle den Krug zurück, um zu schauen, ob noch etwas nachfließt. Wenn ja, fülle den Rest in dieses Chakra.

Wenn du so weit bist, dann nimm einen Atemzug violettes Licht in deinen Hals hinein. Spüre, wie sich dein Hals-Chakra ausdehnt. Sieh, wie es funkelt. Nimm einen weiteren Atemzug violettes Licht in deinen Hals, und lasse das Licht dort schwingen. Dann nimm einen Atemzug goldenes Licht in dein Hals-Chakra hinein, und forme daraus eine goldene liegende Acht. Spüre, wie diese Acht in diesem Chakra fließt, wie ein Fluss aus goldenem Licht, erschaffen für die Ewigkeit, strahlend und leuchtend.

Gehe nun mit deiner Aufmerksamkeit in deine innere göttliche Quelle, in das weiße Licht, das genau dort ist, wo die goldene Acht sich in deinem rosafarbenen Herzen kreuzt. Entfessele dort mit all deiner Macht den Zauber der Worte »Alles ist möglich«, und lege diesen Zauber in die goldene Acht in deinem violetten Hals-

Chakra. Spüre, wie die Acht aufleuchtet und sich ausdehnt. Lasse sie eine Zeit lang schwingen. Visualisiere sie mit deinem inneren Auge. Dann gehe erneut mit deiner Aufmerksamkeit in dein Herz, und lasse dort den mächtigen Zauber der Worte »Ich bin der göttliche Ausdruck in Tätigkeit auf Erden« entstehen, und lasse diesen Zauber nach oben in deinen Hals schweben. Lege ihn in deine goldene Acht, und spüre diese Kraft. Lasse die Wort dort schwingen. Sieh mit deinem inneren Auge, wie jedes Wort in die goldene Acht hineinschwebt. Nun bereite dich auf den nächsten Zauber vor: Atme tief ein und aus, spüre dich, sieh, wie dein violettes Hals-Chakra leuchtet. Spüre die fließende goldene Acht. Nun gehe mit deiner ganzen Aufmerksamkeit in dein Herz, sieh das weiße helle Licht deiner inneren Quelle – dieser Zauber ist sehr wichtig. Sieh, wie der Zauber aus deiner göttlichen Quelle heraus geboren wird, es sind die Worte »Ich bin bereit, ich zeige mich der Welt«. Atme ganz ruhig, lasse diesen Zauber nach oben steigen, und lege diese Worte in deine goldene liegende Acht in deinem Hals-Chakra. Rufe Saint Germain, und bitte ihn um einen Segen für dieses Chakra. Spüre, und beobachte.

Stirn-Chakra

Das Stirn-Chakra ist ein Mysterium. Im Zentrum dieses Chakras sitzt die Zirbeldrüse, unser Organ für übersinnliche Wahrnehmungen. Bis heute hat die Wissenschaft noch nicht vollständig entschlüsselt, was diese Drüse alles kann. Die Zirbeldrüse ist für eine Menge wichtiger Körperfunktionen zuständig, wie zum Beispiel den Stoffwechsel und die Produktion des Hormons Melatonin, das unseren Tag-Nacht-Rhythmus steuert. Die Zirbeldrüse wird auch als das »dritte Auge« bezeichnet. Man hat entdeckt, dass diese tief im Zentrum des Gehirns sitzende Drüse Lichtrezeptoren besitzt. Und überraschenderweise reagiert dieses Organ, wenn es durch Licht stimuliert wird, selbst wenn beide Augen entfernt wurden. Unsere Zirbeldrüse nimmt ganz eigenständig Licht auf, obwohl sie im Zentrum unseres Gehirns sitzt. Abgesehen von allerlei hormonellen Funktionen der Zirbeldrüse, wie der Kontrolle des Hypothalamus, des Biorhythmus und dem Schutz vor freien Radikalen, ist sie für die Abgabe von N,N-Dimethyltryptamin (kurz DMT) verantwortlich, dem sogenannten »Spirit Molekül«. Dieses Molekül ist der mächtigste bekannte halluzinogene Neurotransmitter. Die Zirbeldrüse schüttet dieses Molekül im Schlaf und in meditativen Zuständen aus. Es gab Versuche, bei denen mehreren Personen DMT zugeführt wurde. Bei diesen Versuchen konnte festgestellt werden, dass die Probanden andere Wirklichkeiten erlebten, aber sich der Realität im Hier und Jetzt durchaus bewusst waren, also sehr klar blieben. DMT gilt als Droge und ist als solche natürlich verboten. Hoffentlich verhaftet nicht irgendwann einmal ein eifriger Beamter meine Zirbeldrüse – sie würde mir doch sehr fehlen. Kleiner Scherz am Rande.

Das Stirn-Chakra wurde von den alten Chinesen »Himmelsauge« genannt, und es wird oft auch als »Tor zur Seele« bezeichnet. Für mich ist es eher so etwas wie ein Kontakter oder ein Fenster. Das Auge, das den Himmel schaut, erkennt, wahrnimmt. Das dritte Auge ist das Auge der Wahrheit. Wollen wir es nun befreien mit einem neuen Ton – Türkis.

Türkis ist eine Schwingung, die uns mit anderen Welten verbindet – völlig losgelöst aus der Illusion von Zeit und Materie. Was sich mit Türkis im dritten Auge verändert, ist schwer in Worte zu fassen. Fühle es, mir fallen dazu diese Worte ein: große und neue Möglichkeiten.

Übung

Wie bei all den anderen Chakren zünde auch hier Kerzen an, und lasse meditative Musik laufen. Setze dich aufrecht auf einen Stuhl oder ein Meditationskissen. Konzentriere dich für einen Moment auf deinen Atem, nimm dir Zeit, innerlich ganz ruhig zu werden. Verbinde dich mit dem Maha Chohan unserer Zeit, bete zu ihm, sprich zu ihm, rufe ihn und bitte ihn um Hilfe, bitte um Unterstützung. Spüre seine Präsenz in deinem Raum, ganz nah bei dir, und sein türkisfarbenes Licht, sehr hell und leuchtend. Visualisiere den Glaskrug, sieh, wie er sich von unten nach oben mit einer hellen türkisfarbenen Schwingung füllt. Verfahre wie bei den anderen Chakren. Lasse das Licht in dein Stirn-Chakra fließen, und stelle den Krug zurück, um zu schauen, ob noch etwas nachfließt, wenn ja, fülle auch den Rest in dieses Chakra. Spüre, wie es einfließt, und lasse dir Zeit.

Wenn du so weit bist, nimm einen Atemzug türkisfarbenes Licht in dein Stirn-Chakra hinein, spüre, wie es sich ausdehnt. Nimm einen zweiten Atemzug türkisfarbenes Licht in dieses Chakra hinein, und lasse das Licht dort schwingen. Dann nimm einen Atemzug goldenes Licht in dein drittes Auge hinein, und forme daraus eine goldene liegende Acht. Spüre, wie diese Acht fließt, sie ist lebendig, wie ein Fluss aus goldenem Licht, erschaffen für die Ewigkeit, strahlend und leuchtend. Diese goldene Acht kreuzt sich genau an der Stelle, an der die Zirbeldrüse sitzt.

Gehe nun mit deiner Aufmerksamkeit in deine innere göttliche Quelle, in das weiße Licht, das genau an der Stelle sitzt, an der sich die goldene Acht in deinem rosafarbenen Herzen kreuzt. Entfessele dort mit all deiner Macht den Zauber der Worte »Alles ist möglich«, und lege diesen Zauber in die goldene Acht in deinem türkisfarbigen dritten Auge. Spüre, wie die Acht aufleuchtet und sich ausdehnt, lasse sie schwingen und leuchten. Dann gehe erneut mit deiner Aufmerksamkeit in dein Herz, lasse dort den Zauber der Worte »Ich erkenne mich selbst« entstehen, und lasse diesen Zauber nach oben in dein Stirn-Chakra schweben, lege ihn dort in deine goldene Acht. Fühle, was passiert. Lasse die Worte dort schwingen, sieh mit deinem inneren Auge, wie sich jedes Wort in die goldene Acht hineinlegt, Buchstabe für Buchstabe.

Gehe ein weiteres Mal mit deiner Aufmerksamkeit in dein Herz, und lasse dort die Worte »Ich öffne mich für die Botschaften aus anderen Welten« entstehen, und lege auch diesen Zauber in die goldene Acht. Lasse diese Worte eine Zeit lang dort zirkulieren, und bitte den Maha Chohan unserer Zeit, dieses Chakra zu segnen, lasse dich von der Energie dieses Meisters berühren.

Möglicherweise bekommst du von dieser Übung Kopfschmerzen. Hier liegen uralte Blockaden, sie hüllen deine Zirbeldrüse ein. Lasse dich nicht beirren, trinke viel, und wiederhole die Übung in ein oder zwei Tagen noch einmal. Wenn nötig, mache eine Entgiftungskur.

Kronen-Chakra

Das Kronen-Chakra, oft auch *Scheitelchakra* genannt, wird ganz oft als ein Chakra beschrieben, das außerhalb unseres Körpers sitzt, doch das stimmt nicht, es ist sowohl außerhalb, als auch innerhalb unseres Körpers. Die Krone verbindet unsere grobstoffliche Materie mit den Geistigen Welten. Und was auch nicht stimmt ist, dass dort eine Erleuchtung stattfinden kann. Eine sogenannte Erleuchtung, also ein Schritt in eine nächste oder höhere Bewusstseinsebene, kann nur im Herzen stattfinden. Wer seine Energien im Kronen-Chakra sammelt und staut, wird nur geblendet und erkennt bald die Welt nicht mehr, wird stehen bleiben, aufhören, Schüler zu sein, und somit jedes Anrecht auf eine Meisterschaft verlieren. Oft verlieren solche Menschen ihre spirituellen Ideen, sind planlos, was die Umsetzung angeht, und können sogar depressiv werden. Dieses Chakra muss weit geöffnet sein, die Energien müssen von dort gestärkt voller Schwung weiterfließen. Dieses Chakra ist das Tor zum Seelenstern. Es bekommt keinen neuen Ton, wir bleiben hier bei Weiß. Aber die goldene Acht ist hier ganz besonders wichtig.

Übung

Wie bei den anderen Chakren zünde auch hier Kerzen an, und lasse meditative Musik laufen. Setze dich aufrecht auf einen Stuhl oder ein Meditationskissen. Konzentriere dich für einen Moment auf deinen Atem. Nimm dir Zeit, innerlich ganz ruhig zu werden. Verbinde dich mit Erzengel Michael, bete zu ihm, sprich zu ihm, rufe ihn, und bitte ihn um Hilfe, bitte um Unterstützung. Spüre seine kraftvolle Präsenz ganz nah bei dir und eine tiefe Liebe, die zwischen euren Herzen schwingt. Dann visualisiere den Glaskrug. Sieh, wie er sich von unten nach oben mit leuchtendem weißem Licht füllt. Verfahre wie bei den anderen Chakren: Lasse das Licht in dein Kronen-Chakra fließen, und stelle den Krug zurück, um zu schauen, ob noch etwas nachfließt. Wenn ja, fülle auch den Rest in dieses Chakra.

Wenn du so weit bist, nimm einen Atemzug weißes Licht in dein Kronen-Chakra hinein. Spüre, wie es sich ausdehnt. Nimm einen zweiten Atemzug weißes Licht in dieses Chakra hinein, und lasse das Licht dort schwingen. Dann nimm einen Atemzug goldenes Licht in dein Kronen-Chakra, und forme daraus eine goldene liegende Acht. Lege diese Acht mit ihrem Kreuzpunkt auf den höchsten Punkt deiner Schädeldecke. Es ist ganz deutlich spürbar, wie die goldene Acht dort sanft aufliegt. Fühle, wie diese Acht fließt – sie ist lebendig, wie ein Fluss aus goldenem Licht, erschaffen für die Ewigkeit, strahlend und leuchtend. Sie ragt rechts und links weit über deinen Kopf hinaus, sie ist groß und voller Kraft.

Gehe nun mit deiner Aufmerksamkeit in deine innere göttliche Quelle, in das weiße Licht, das genau dort ist, wo sich die goldene Acht in deinem rosafarbenen Herzen kreuzt. Entfessele dort mit all deiner Macht den Zauber der Worte »Alles ist möglich«, und lege diesen Zauber in die goldene Acht in deiner Krone. Spüre, wie die Acht aufleuchtet und sich ausdehnt. Dann gehe erneut mit deiner Aufmerksamkeit in dein Herz, und lasse dort den Zauber der Worte »Durch mich fließt das Licht der göttlichen Quelle« entstehen. Lasse diesen Zauber nach oben in dein leuchtendes Kronen-Chakra schweben. Lege ihn dort in deine goldene Acht, und fühle, was passiert. Lasse die Worte dort schwingen. Sieh mit deinem inneren Auge, wie sich jedes Wort in diese goldene Acht hineinlegt.

Dann gehe erneut mit deiner Aufmerksamkeit in dein Herz, lasse dort die Worte »Ich bin die Hoffnung« entstehen, und lege auch diese in die goldene Acht in deinem Kronen-Chakra. Und nun spüre deine innere Magie, die innere Kraft deines Herzens, und ziehe das Kronen-Chakra auf. Ziehe es so weit hinunter, dass es sich zum Teil mit deinem dritten Auge überlappt. Beide Chakren verschmelzen im Bereich deiner Stirn und bilden dort einen funkelnden Ring. Du kannst das sehr deutlich spüren. Es fühlt sich an wie ein sanftes Brennen rund um deinen Kopf, auf der Höhe des dritten Auges. Dein ganzer Oberkopf ist weißes strahlendes Licht. Leuchte für eine Neue Welt. Rufe Erzengel Michael zu dir. Visualisiere, wie er direkt vor dir steht. Michael zieht langsam das heilige Schwert Excalibur aus der Scheide. Er legt das Schwert auf den Kreuzpunkt deiner liegenden Acht direkt auf den höchsten Punkt deines Kopfes. Wenn es der richtige Moment ist, wird ein Licht durch dich hindurch schwingen – ein Licht von höchster Einweihung. Versuche, zu hören, welche Worte Michael an dich richtet.

Alpha-Chakra

Das Alpha-Chakra wird auch *Seelenstern* genannt und befindet sich etwa zehn bis fünfzehn Zentimeter über dem Kopf. Hier bekommen wir Kontakt zu unserer wahren Essenz, unserem Seelenplan. Dieses Chakra ist anders als die anderen: Es ist kein energetisches Sinnesorgan, sondern es ist eine Matrix. Diese Matrix ist darauf ausgelegt, zu senden, zu empfangen und zu speichern. Im Seelenstern können wir über Licht Wissen aus anderen Welten aufnehmen – auch über das Licht in unserem Herzen. Die göttliche Quelle in uns ist verschränkt mit der göttlichen Quelle allen Seins. Das bedeutet, es gibt eine Verbindung, die über der Zeit, dem Raum und der Materie steht. Der Seelenstern ist das Tor in andere Welten, in andere Galaxien, völlig befreit von Zeit, Raum und Materie. Diese Matrix ist sehr lebendig, in ihr haben wir Wissen aus all unseren Inkarnationen gespeichert.

Bis Dezember 2015 habe ich dieses Chakra in meinen Workshops noch mit hellem Magenta aktiviert, also mit keinem neuen Ton, wozu auch, dieses Chakra ist bei den meisten unangetastet, unberührtes Gebiet. Doch nun ist es so weit, die Neue Welt ist da. Wissen fließt ein. Das bedeutet, dass wir bereit sind, dieses Chakra zu öffnen, es ist eine Schatztruhe. Es ist ein unglaublich dichtes Gewebe, das immer in Bewegung ist. Dieses Chakra ist voller Energie, voller Informationen – eine Matrix, ein Datenspeicher. Doch um dieses Chakra aktivieren zu können, muss auch der Erdstern aktiviert sein. Wie das geht, erfährst du im Kapitel »Der Erdstern« ab Seite 74. Der neue Ton des Seelensterns ist Perlmutt.

Du magst jetzt vielleicht denken: Wie kann sie das nur tun, das Chakra einfach so in diese oder jene Farbe zu verändern? Nun, ich vertraue meinen geistigen Lehrern. Sie geben mir die Information oder führen mich zu ihr. Vielleicht denkt der ein oder andere jetzt: Na ja, gechannelt wird vieles, aber ob das immer alles so stimmt?! Ich glaube, dass alles gechannelt ist – jeder Roman, jeder Film und sogar die Erfindung der Glühbirne. Wie am Anfang schon erwähnt: Zweifeln bringt nichts. Stimme dem zu oder nicht, es ist dir überlassen. Probiere es einfach aus, und lasse in dir deine eigene Wahrheit entstehen. Überprüfe alles mit deinem Herzen, dort ist der Ort der Wahrheit. Wenn es sich für dich gut anfühlt, ist es richtig.

Übung

Wie bei den anderen Chakren zünde auch hier Kerzen an, und lasse meditative Musik laufen. Setze dich aufrecht auf einen Stuhl oder ein Meditationskissen. Konzentriere dich für einen Moment auf deinen Atem. Nimm dir Zeit, innerlich ganz ruhig zu werden. Verbinde dich mit Metatron, bete zu ihm, sprich zu ihm, rufe ihn, und bitte ihn um Hilfe, bitte um Unterstützung. Spüre seine machtvolle Präsenz ganz nah bei dir. Metatron behütet deinen Seelenstern seit Anbeginn der Zeit. Du kennst seine Schwingung, sie ist mächtig, aber auch sehr vertraut. Visualisiere den Glaskrug. Sieh, wie er sich von unten nach oben mit einer leuchtenden perlmuttfarbenen Schwingung füllt. Verfahre wie bei den anderen Chakren. Lasse das Licht in deinen Seelenstern fließen, und stelle den Krug zurück, um zu schauen, ob noch etwas nachfließt. Wenn ja, fülle auch den Rest in dieses Chakra.

Wenn du so weit bist, nimm einen Atemzug perlmuttfarbenes Licht in dein Alpha-Chakra hinein. Spüre, wie es sich ausdehnt.

Nimm einen zweiten Atemzug perlmuttfarbenes Licht in dieses Chakra hinein, und lasse das Licht dort schwingen. Dann nimm einen Atemzug goldenes Licht in deinen Seelenstern, und forme daraus eine goldene liegende Acht. Spüre, wie diese Acht fließt, sie ist lebendig wie ein Fluss aus goldenem Licht, erschaffen für die Ewigkeit, strahlend und leuchtend.

Gehe nun mit deiner Aufmerksamkeit in deine innere göttliche Quelle, in das weiße Licht, das genau dort ist, wo die goldene Acht sich in deinem rosafarbigen Herzen kreuzt. Entfessele dort mit all deiner Macht den Zauber der Worte »Alles ist möglich«, und lege diesen Zauber in die goldene Acht in deinem Seelenstern. Spüre, wie die Acht aufleuchtet und sich ausdehnt. Dann gehe erneut mit deiner Aufmerksamkeit in dein Herz, lasse dort den Zauber der Worte »Ich bin die göttliche Weisheit in Tätigkeit auf Erden« entstehen, und lasse diesen Zauber nach oben in den Seelenstern schweben. Lege ihn dort in deine goldene Acht. Fühle, was passiert. Lasse die Worte dort schwingen. Sieh mit deinem inneren Auge, wie sich jedes Wort in die goldene Acht hineinlegt, Buchstabe für Buchstabe.

Gehe ein weiteres Mal mit deiner Aufmerksamkeit in dein Herz, lasse dort die Worte »Ich bin auf ewig ein gefülltes Gefäß« entstehen, und lege auch diese in die goldene Acht in deinem Seelenstern.

Rufe den Engel zu dir. Lasse dich segnen, damit du zum Segen wirst, und spüre Metatron in deinem Raum.

NOTIZEN

Schreibe auf, wie es dir geht, was du fühlst, wie sich deine neuen Chakren anfühlen.

UND NUN ENTSCHEIDE, ob du eine der Übungen wiederholen möchtest, bevor du weiterliest.

Ananda-Khanda-Zentrum

Das Ananda-Khanda-Zentrum wird auch das *4,5. Chakra* genannt, aber es ist vielmehr ein Tor, das ins Herz-Chakra führt. Es liegt auf deiner rechten Körperhälfte neben dem Herzen, jedoch ist es ein kleines Stückchen nach oben versetzt. Wenn du deine Hand dort hinlegst, wirst du an deinem Körper eine Mulde spüren, dort ist die Mitte deines Ananda-Khanda-Zentrums. Dieses Chakra wird mit Türkis und Rosa aktiviert, und wir legen hier keine liegende Acht hinein, sondern ein silbernes Pentagramm, einen Fünfzackstern. Achte darauf, dass eine Spitze des Sterns nach oben zeigt, eine nach links, eine nach rechts und zwei nach unten, so ist es richtig. Das Pentagramm ist allgemein als Schutzsymbol bekannt, aber es ist vielmehr ein Schlüssel. Es wird bei Ritualen verwendet, um es zu eröffnen. Sobald du ein Pentagramm zeichnest oder visualisierst, achtet die Geistige Welt auf dich, denn es ist der Schlüssel, der die lichtvollen Tore und Wege öffnet für die höchsten Energien, die für spirituelle Handlungen gebraucht werden. Im Ananda-Khanda-Zentrum verbirgt sich ein Geheimnis, es ist ein magischer Ort. Es ist aufgebaut wie eine Matrix, einer Kugel ähnlich. Manchmal erinnert es mich an ein türkisfarbenes Miniuniversum mit vielen Energien, Lichtspuren und Sternen. Aber seine Funktion ist eher die eines Transmitters.

Es ist an der Zeit, dieser Matrix endlich mehr Aufmerksamkeit zu schenken. Das Ananda-Khanda-Zentrum kann ungeheure Mengen an Licht absorbieren. Wenn es aktiv ist, sendet es feine Impulswellen durch dein gesamtes System, also durch deinen physischen Körper und deinen Lichtkörper. Es ist so, als würde es dein System abtasten, um zu schauen, wie weit es ist und inwieweit es sich öffnen kann, damit das absorbierte Licht in dein Herz fließen kann. Denn dort ist der Ort deiner Erhebung, dort findet eine wahre Veredelung statt.

Ich freue mich für dich, nimm dir hier besonders viel Zeit.

Übung

Auch für diese Übung benötigst du Kerzen (wenn du hast, türkis- und rosafarbene) und eine schöne meditative Musik. Setze dich aufrecht auf einen Stuhl oder ein Meditationskissen. Konzentriere dich für einen Moment auf deinen Atem. Nimm dir Zeit, innerlich ganz ruhig zu werden. Verbinde dich mit Aurora, einst Hohepriesterin in Lemurien. Sie ist eine Meisterin der Magie und besitzt ein tiefes Wissen über jeglichen Prozess des Veredelns. Bete zu Aurora, sprich zu ihr, rufe sie, und bitte sie um Hilfe, bitte um Unterstützung. Spüre die lemurische Hohepriesterin ganz nah bei dir.

Dann visualisiere den Glaskrug. Sieh, wie er sich von unten nach oben langsam mit türkisfarbenem Licht füllt. Verfahre wie bei den anderen Chakren. Fülle das Licht in das Ananda-Khanda-Zentrum ein, und stelle den Krug zurück, um zu schauen, ob noch etwas nachfließt. Wenn ja, fülle den Rest ebenfalls in dieses Chakra. Wenn du so weit bist, dann nimm einen Atemzug türkisfarbenes Licht in dein Ananda-Khanda-Zentrum hinein. Spüre, wie es sich ausdehnt. Spüre die machtvolle Präsenz von Aurora in deinem Raum. Nimm einen weiteren Atemzug türkisfarbenes Licht in das Chakra hinein, und lasse das Licht dort schwingen. Dieses Chakra schlummert bei vielen von uns seit Millionen von Jahren. Möglicherweise ist es hilfreich, eine Hand auf das Chakra zu legen, um die Aufmerksamkeit und Energien noch besser an diese

Stelle zu lenken. Dann nimm einen Atemzug silbernes Licht in dieses Chakra hinein, und forme daraus ein kleines silbernes Pentagramm, strahlend und leuchtend. Konzentriere dich eine Zeit lang darauf. Dann nimm einen Atemzug rosafarbenes Licht, und lege dieses Licht um das silberne Pentagramm, das sich im Zentrum dieses Chakras befindet. Das rosa Licht legt sich wie eine Wolke um dieses Pentagramm. Nun gehe mit deiner Aufmerksamkeit in dein Herz, in deine innere göttliche Quelle hinein. Lasse aus dieser Quelle heraus den Zauber der Worte »Alles ist möglich« fließen, und lege diesen Zauber in das strahlende Pentagramm in deinem Ananda-Khanda-Zentrum. Spüre die große Kraft, die durch diesen Zauber in dir wirkt. Gehe erneut in deine innere göttliche Quelle, und lasse aus dieser Quelle heraus die Magie folgender Worte fließen: »Mit der Macht der Magie, mithilfe der Hohepriesterin Aurora und mithilfe der Geistigen Welt bewirke ich die Öffnung meines Ananda-Khanda-Zentrums als Pforte meiner Erleuchtung. Möge sich mein gesamtes Sein veredeln zum Wohle aller Wesen. Frei fließt mein Geist. Frei fließt meine Macht. So ist es.« Spüre, wie jetzt die Magie von Aurora Verkrustungen und Blockaden aus diesem Chakra wegsprengt. Konzentriere dich einen Moment auf diesen Bereich. Und dann lasse aus deiner Quelle heraus die Worte »Ich bin bereit für den nächsten Schritt« wie lichtvollen Balsam in das Ananda-Khanda-Zentrum schweben. Aurora berührt und segnet diese Matrix. Spüre die Kraft dieser Hohepriesterin aus einer längst vergangenen Zeit.

Omega-Chakra

So, wie das Alpha-Chakra unser Tor in andere Welten ist, so ist das Omega-Chakra unser Tor zum Erdstern. Das Omega-Chakra sitzt außerhalb deines Körpers zwischen deinen Oberschenkeln. Hier sind negative Erinnerungen, Leid und Schmerz gespeichert. Dunkle Tage und Zeiten – aber nur jenes, was hier auf der Erde erlebt wurde. Von daher ist es sehr viel weniger als das, was im Alpha-Chakra gespeichert ist, denn die Erde ist jung im Gegensatz zum Rest des Universums. Und deine Seele wurde in jener Zeit geboren, als das Universum gerade entstand, lange bevor es unsere Erde überhaupt gab.

Auch das Omega-Chakra ist wie der Seelenstern kein Chakra im herkömmlichen Sinne, sondern ebenfalls eine Matrix. Aus dieser Matrix heraus sollten wir uns erden, dies ist besonders wichtig für unsere Neue Welt. Hier ist neben unserem Erdstern der Ort, an dem wir tief mit Lady Gaia, der Erde, verbunden sind. Als Bild nehme ich immer einen schweren großen Eisenanker, den ich aus meinem Omega-Chakra fallen lasse. Es ist gut, sich hierfür Zeit zu nehmen, um zu spüren oder mit dem inneren Auge deutlich zu sehen, wie dieser Anker durch den Boden des Raumes fällt, in dem man sich gerade befindet. Dann sinkt dieser Anker immer tiefer hinunter, durch das ganze Gebäude hindurch, durch das Erdreich hindurch, immer tiefer und tiefer. Durch Gesteinsschichten hindurch. Ich lasse den Anker immer tiefer und tiefer sinken, bis er in das Magma hineinfällt. Ich versuche auch immer, mein inneres Ohr zu schulen, und höre, wie die dicke Eisenkette rasselt, an der der Anker in meinem Omega-Chakra festgemacht ist. Wenn der Anker in das Magma hineinfällt, sehe ich, wie eine große aus Magma geformte Hand danach greift. Dort hält sie uns fest, unsere große Mutter, die uns trägt und nährt, jeden Tag. So verbinde ich mich mit Lady Gaia. Du kannst dir natürlich dein eigenes Bild einfallen lassen, wichtig ist, dass deine Erdung aus dem Omega-Chakra ab jetzt ganz bewusst stattfindet.

Hier werden wir mit der Schwingung von braunem Licht alle Zweifel loslassen. Unsere Zweifel sind aus negativen Erinnerungen geboren, doch es sind Erfahrungen, nicht mehr und nicht weniger. Es ist an der Zeit, diese Erfahrungen zu betrachten, um aus ihnen zu lernen – doch hüte dich davor, ihnen Macht über dich zu geben. Sie dürfen dich nicht mehr traurig oder schwach machen.

Das Omega-Chakra ist wie ein Gefäß, es nimmt sehr leicht auf, hält aber dann zu sehr fest. Braun ist der Ton, der trennt, damit wir loslassen können, was uns nicht guttut – ohne zu bewerten, ohne zu vergessen, denn darum geht es nicht. Es geht darum, alles mit Liebe zu verstehen, zu verstehen, dass alles richtig ist – auch das, was unser kleines Ich als schlecht oder grausam bewertet. Eine Neue Welt entsteht nur auf dem Fundament der Liebe.

Übung

Mittlerweile weißt du ja, wie es geht: Kerzen (wenn du hast, braune) ... meditative Musik. Setze dich aufrecht auf einen Stuhl oder ein Meditationskissen. Konzentriere dich für einen Moment auf deinen Atem. Nimm dir Zeit, innerlich ganz ruhig zu werden. Verbinde dich mit Erzengel Zadkiel, sein Name bedeutet »Richter Gottes« oder auch »Gnade Gottes«, er ist das Licht der Weiterentwicklung und der Veränderung. Bete zu ihm, sprich zu ihm, rufe ihn, und bitte ihn um Hilfe, bitte um Unterstützung. Spüre den Engel ganz nah bei dir.

Dann visualisiere den Glaskrug. Sieh, wie er sich von unten nach oben mit einem zarten braunen Licht füllt. Möglicherweise glitzert dieses Licht so, als wären kupferfarbene Partikel darin. Das ist gut, lasse es funkeln. Verfahre wie bei den anderen Chakren. Fülle das Licht in das Omega-Chakra ein, und stelle den Krug zurück, um zu schauen, ob noch etwas nachfließt. Wenn ja, fülle den Rest ebenfalls in dieses Chakra.

Wenn du so weit bist, dann nimm einen Atemzug helles braunes Licht in dein Omega-Chakra hinein. Spüre, wie es sich ausdehnt. Sieh, wie es funkelt. Nimm einen weiteren Atemzug braunes Licht in dieses Chakra hinein, und lasse das Licht dort schwingen. Dann nimm einen Atemzug goldenes Licht in dein Omega-Chakra hinein, und forme daraus eine goldene liegende Acht. Spüre, wie diese Acht fließt, wie ein goldener Fluss für die Ewigkeit, strahlend und leuchtend. Nun gehe mit deiner Aufmerksamkeit in dein Herz, in deine innere göttliche Quelle hinein. Lasse aus dieser Quelle heraus den Zauber der Worte »Alles ist möglich« fließen, und lege diesen Zauber in die goldene Acht in deinem Omega-Chakra. Spüre die erlösende Kraft, den dieser Zauber in sich trägt. Gehe erneut in deine innere göttliche Quelle, und lasse aus dieser Quelle heraus die Magie der Worte »Ich liebe mein Leben« fließen. Lege diese Worte Buchstabe für Buchstabe in die goldene Acht in deinem Omega-Chakra. Und dann lasse aus deiner Quelle heraus die Worte »Ich bin im unendlichen Fluss meines ewigen Seins« ebenfalls in die liegende Acht fließen. Spüre, wie sich die Acht ausdehnt, über den Körper hinaus strahlend und leuchtend, und wie kraftvoll sie plötzlich ist. Rufe Zadkiel, spüre den Engel in deinem Raum, und lasse ihn ein segnendes Licht in dein Omega-Chakra legen. Bitte ihn um Gnade und um Vergebung, er wird dich erhören und von alten Lasten befreien.

Der Erdstern

Dieses Chakra ist wie der Seelenstern anders, es ist eine lebendige Matrix. Der Erdstern liegt ca. fünfzehn bis zwanzig Zentimeter unter deinen Füßen. Der Erdstern ist fest mit den Fußchakren verbunden. Er erdet dich, er verbindet dich tief mit Mutter Erde. Dein Lichtkörper ragt nicht nur weit über dich hinaus, er reicht auch bis tief in die Erde hinein. Je nachdem, wo du auf deinem spirituellen Weg stehst, ist dein Lichtkörper größer oder kleiner. Bitte bewerte dies nicht, es kann in deiner nächsten Inkarnation schon ganz anders aussehen. Es kann sein, dass dein Lichtkörper acht Meter im Durchmesser misst, oder zwölf Meter, oder auch über Zwanzig Meter. Die Menschen, denen ich bisher begegnet bin, haben im Schnitt einen Lichtkörper von ca. 10 bis 20 Metern Durchmesser. Man berichtet, dass Jesus einen Lichtkörper mit einem Durchmesser von über zwanzig Kilometern hatte, das ist enorm, aber er war ja auch besonders.

Die Matrix des Erdsterns ist sehr wichtig für die Neue Welt, denn hier bist du tief mit der Materie dieser Welt verbunden. Wir können über den Seelenstern neues Wissen empfangen und dieses Wissen in den Erdstern sinken lassen, um dann die Schwingung des neuen Wissens in die Materie zu geben. Und die Materie verändert sich oder nimmt die neue Schwingung an. Dabei verbindet dich der Erdstern nicht nur mit der Materie, der Erdstern ist das Tor zur Materie. Hier kann die Materie mit der Magie des Erdsterns verändern werden, hier liegt die Kraft, die natürlich im Zusammenspiel mit dem Seelenstern das Paradies wieder erschafft. Der Ton unseres Erdsterns ist Schwarz. Schwarz ist unsere urweibliche Kraft, wie uns das Symbol Yin und Yang zeigt.

Ich will dir ein Bild vom Erdstern geben. Es ist kein Energiefeld, das rund ist, sondern es ist etwas verzerrt. Viele Tausende feine Energiefäden gehen von diesem Chakra weg, fließen überall hin, verbinden dich mit den Erdsternen von allen Lebewesen auf dieser Welt. Das Ganze erinnert an Neuronen, an ein neuronales Netz. Auch Tiere haben einen Erdstern, und wir sind mit ihnen verbunden. Wenn wir unseren Erdstern aus dem Erdreich herausziehen, geht es uns nicht so gut. Wir brauchen diese Verbindung, solange wir hier inkarniert sind. Beim Fliegen z. B. ziehen wir ihn heraus. Für ein paar Stunden ist das nicht schlimm, aber für Astronauten, die länger von der Erde weg sind, ist es sehr wohl schlimm. Sie werden krank, man nennt dies »Astronautenkrankheit«. Ihre Herzleistung und Muskelkraft lassen nach, sie leiden an Osteoporose und an schweren Depressionen. Nachdem dies erkannt wurde, installierte man künstliche Magnetfelder in den Raumschiffen, wodurch sich die Symptome mildern ließen.

In unserem Erdstern ruht ein uraltes Geheimnis, unsere urweiblichen Kräfte, die Gefühle – sie sind der Schlüssel. Unsere Gefühle müssen wieder so rein werden wie die Schwingung schwarz, und hier stoßen wir auf eines unserer tiefsten Probleme. Die meisten glauben, Schwarz wäre unrein, wäre etwas Schlechtes, wäre mit dem Bösen im Bunde. Das ist ein Irrtum, der ganz bewusst in das morphische Feld eingespeist wurde. Die Wahrheit ist, dass Schwarz die einzige Schwingung ist, die durch nichts beschmutzt werden kann, kein Schatten kann dieser Schwingung anhaften. Die Wahrheit ist auch: Für unsere Gegenspieler ist diese Schwingung unantastbar, deswegen haben sie dafür gesorgt, dass sich die Lichtarbeiter, spirituellen Lehrer, Heiler, Schamanen usw. von dieser Schwingung abwenden. Doch um an diesen Schlüssel zu gelangen, darf ein Weg der Bewusstwerdung gegangen werden, und wir alle befinden uns auf diesem Weg.

Der Ton Schwarz hat nichts mit schwarzer Magie zu tun. Hier wird das Wort für etwas Negatives benutzt. Auch wenn wir von Schattenwesen sprechen, stellen wir uns diese in schwarz vor, was nicht stimmt. Solche Wesen können sich uns auch in anderen Farben zeigen. Und sie können uns auch Schönheit und Reinheit vorgaukeln. Ein strahlender, heller, weißer Raum kann dich, wenn du dich längere Zeit in ihm aufhältst, genauso aus der Fassung bringen wie ein dunkler schwarzer Raum. Wir brauchen beides: hell und dunkel, den Tag und die Nacht. Beides ist gut.

Das Symbol Yin und Yang zeigt es uns: Wenn wir Schwarz ablehnen, lehnen wir die urweiblichen Kräfte ab. Doch ohne sie sind wir nicht ganz. Es ist, als würde man das Symbol Yin und Yang auseinanderbrechen. Viele tun das, und das Resultat ist überall sichtbar: eine männliche Welt, beherrscht durch den Intellekt, der das Gefühl unterdrückt oder sogar ausgrenzt. Diese Welt, wie wir sie kennen, wird untergehen, so oder so. Entweder durch die Zerstörung der Materie oder durch das Erwachen eines Bewusstseins, das der Liebe die Herrschaft übergibt. Die Liebe, also unsere Gefühle, sollen die Entscheidungen treffen, und der Intellekt soll sich um die Umsetzung kümmern. Ich weiß, du bist mit dieser Liebe verbunden. Sie schwingt in dir, doch da ist mehr, viel mehr. Diese Liebe kann noch wachsen. Mit deiner Liebe wirst du das Paradies erschaffen, ich weiß es … und du weißt es auch. Aktiviere deinen Erdstern, und lasse alle Bewertungen, die du über den Ton Schwarz hast, los. Erkenne den Irrtum.

Übung

Auch für diese Übung benötigst du Kerzen und eine schöne meditative Musik. Setze dich aufrecht auf einen Stuhl oder ein Meditationskissen. Konzentriere dich für einen Moment auf deinen Atem. Nimm dir Zeit, innerlich ganz ruhig zu werden. Verbinde dich mit Lady Portia, sie ist eine Torwächterin. Sie wacht an den Übergängen zu anderen Welten und Dimensionen, sie ist die Hüterin deines Erdsterns. Wenn du meine Bücher schon kennst, weißt du um die enge Verbindung zwischen Erzengel Michael und Lady Portia: Sie waren einst inkarniert als König Artus und Lady Morgaine, in einer anderen Zeit und einer anderen Welt. Und so kann es sein, dass du, wenn du Lady Portia rufst, auch die Schwingung von Erzengel Michael spürst. Wenn es so ist, dann freue dich darüber. In der gleichen Zeit, in der die beiden lebten, war Saint Germain als Merlin inkarniert. Auch er stand Lady Portia sehr nahe, vielleicht spürst du auch seine Schwingung.

Lady Portia war so oft inkarniert, dass sie von vielen für eine aufgestiegene Meisterin gehalten wird. Manche glauben auch, sie wäre eine Göttin, aber sie stammt nicht aus den wunderschönen Feldern der Seelen, sie stammt aus den Feldern der Engel. Sie ist wie Michael ein Engel.

Bete zu Lady Portia, sprich zu ihr, rufe sie, und bitte sie um Hilfe, bitte um Unterstützung. Spüre ihre Nähe. Dann visualisiere den Glaskrug. Sieh, wie er sich von unten nach oben mit schwarzem Licht füllt. Möglicherweise glitzert dieses Licht so, als wären Silberpartikel darin, oder Diamanten. Das ist gut, lasse es funkeln. Verfahre wie bei den anderen Chakren: Fülle das Licht in deinen Erdstern ein, und stelle den Krug zurück, um zu schauen, ob noch etwas nachfließt. Wenn ja, fülle auch den Rest in dieses Chakra. Wenn du so weit bist, dann nimm einen Atemzug schwarzes Licht in deinen

Erdstern hinein. Spüre, wie er sich ausdehnt. Sieh, wie er unter dir funkelt, und spüre auch, wie Lady Gaia ihn voller Liebe hält. Es ist ihr Stern, den sie dir schenkt. Nimm einen weiteren Atemzug schwarzes Licht in deinen Erdstern hinein, und lasse es dort schwingen. Dann nimm einen Atemzug goldenes oder silbernes Licht in dieses Chakra hinein. Entscheide selbst, was sich für dich hier besser anfühlt, und forme daraus eine liegende Acht. Spüre, wie diese Acht fließt, wie ein Fluss für die Ewigkeit, strahlend und leuchtend. Konzentriere dich eine Zeit lang darauf. Du wirst spüren, dass sich diese Schwingung mit deinen Fußchakren verbindet – endlich, freue dich. Nun gehe mit deiner Aufmerksamkeit in dein Herz, in deine innere göttliche Quelle hinein. Lasse aus dieser Quelle heraus den Zauber der Worte »Alles ist möglich« fließen, und lege diesen Zauber in die schwingende Acht in deinem Erdstern. Spüre die erlösende Kraft, den dieser Zauber in sich trägt. Gehe erneut in deine innere göttliche Quelle, und lasse aus dieser Quelle heraus die Magie der Worte »Ich liebe mein Leben« fließen. Lege diese Worte Buchstabe für Buchstabe in die Acht hinein. Und dann lasse aus deiner Quelle heraus die Worte »Ich bin im unendlichen Fluss meines ewigen Seins« ebenfalls in die liegende Acht fließen. Spüre, wie sich die Acht ausdehnt. Spüre, wie kraftvoll und klar dein ganzer Körper nun ist. Rufe Lady Portia zu dir. Sieh, wie sie vor dir steht und dich prüfend anblickt. Sieh, wie sie vor dir niederkniet. Ihre Hände berühren deine Füße, und eine unglaubliche Energie fließt voller Kraft in deine Füße hinein und von dort in deinen Erdstern. Du erkennst, dass sie ein energetisches Dreieck entstehen lässt. Sie verbindet beide Füße miteinander, und von beiden Füßen aus lässt sie die Energie zum Zentrum des Erdsterns fließen. Sie spricht leise in einer Sprache, die du schon längst vergessen hast, sie öffnet das Tor. Sei dir bewusst, dass dies mehr als eine Berührung ist.

Verbindung aller Chakren

Die Verbindung der Chakren ist wichtig, damit eine Kommunikation zwischen ihnen stattfinden kann. Alles ist mit allem verbunden, auch in dir. Veränderung findet nicht nur an einer Stelle statt, Veränderung bewegt sich. Es ist immer so, als würde man einen Stein in die ruhige Oberfläche eines Sees werfen: Die Wellen breiten sich über den ganzen See aus. Die Wissenschaft nennt dies eine stehende Welle, denn sie fließt nicht von einer Seite zur nächsten, sondern sie pulsiert von innen heraus. Wenn du etwas in deinem Wurzel-Chakra veränderst, hat das Auswirkungen auf das gesamte System, auf den materiellen Körper, auf den Lichtkörper, auf deine Seele, auf deinen Geist, auf deine Gedanken, auf die Menschen um dich herum, auf die Erde und letztendlich auf das ganze Universum. Tja, und wer weiß, vielleicht sogar weit darüber hinaus. Wir wollen eine Neue Welt erschaffen und beginnen in uns, aber was wir am Ende erschaffen werden, ist viel mehr. Es wird ein neues Universum sein. Denn die Energien, die wir freisetzen, fließen überallhin.

Übung

Zünde ein paar Kerzen an, und lasse eine ruhige meditative Musik laufen. Setze dich aufrecht auf einen Stuhl, stelle beide Füße fest auf den Boden.

Wir haben zwischendurch schon einige Chakren miteinander verbunden, nun werden wir alle Chakren verbinden: Gehe mit deiner vollen Aufmerksamkeit in dein Herz. Nimm dir Zeit. Spüre dein rosafarbenes Herz-Chakra und das Licht deiner inneren göttlichen Quelle. Lasse aus dieser Quelle heraus einen leuchtenden weißen Lichtstrahl nach unten zu dem Kreuzpunkt deiner liegenden Acht in deinem roten Machtzentrum fließen. Verbinde dein Herz mit deinem Solarplexus. Dann lasse dieses Licht noch tiefer fließen, und verbinde die goldene Acht in deinem Sakral-Chakra mit deinem Herz und dem Machtzentrum. Anschließend lasse das Licht noch tiefer fließen, in den Kreuzpunkt der goldenen Acht in deinem blauen Wurzel-Chakra. Nimm dir Zeit, und schaue diese Verbindung mit deinem inneren Auge an.

Wenn die Lichtschnur aus deinem Herzen wirklich gefestigt ist, dann lasse das Licht noch tiefer fließen, und knüpfe jetzt dein Omega-Chakra mit an. Möglicherweise spürst du sofort, wie eine große Energie in dein Wurzel-Chakra fließt. Konzentriere dich darauf, dass es dort nicht staut, sondern zieh diese Kraft über die Lichtschnur nach oben. Möglicherweise fließt diese Energie eher zäh, sie ist dichter als Licht. Aber nimm dir die Zeit, sie in dein Herz zu lenken, und spüre, wie warm und samtig sie ist. Danach mache weiter, verbinde nun den Erdstern mit deiner Lichtschnur. Spüre die Liebe von Lady Gaia, spüre, wie du über den Erdstern mit allen Wesen verbunden bist.

Gehe jetzt mit deiner Aufmerksamkeit erneut in dein Herz. Lasse nun das weiße Licht aus deiner inneren göttlichen Quelle nach oben fließen. Verbinde dein Hals-Chakra mit dem Herzen, dann dein drittes Auge, dann dein Kronen-Chakra. Lasse immer jeweils das Licht zum Kreuzpunkt der goldenen Achten fließen, das müsste ziemlich leicht und zügig gehen. Dann lasse das Licht in den Kreuzpunkt der goldenen liegenden Acht in deinem Seelenstern fließen, und von dort nach rechts. Das Licht fließt in einem Bogen durch deinen Lichtkörper bis zu deinem Ananda-Khanda–Zentrum. Dort passiert etwas. Es öffnet sich, es ist ein schönes Gefühl. Vielleicht kannst du es spüren, es ist wie ein tiefes Entspannen in deinem Gehirn. Es fühlt sich an, als würde sich dein Gehirn ein wenig ausdehnen und heller werden.

Was danach geschieht, kannst du nicht mehr lenken. Es kann sein, dass einige Zeit nichts passiert, aber irgendwann, oder auch sofort, wird sich die Pforte, die das Ananda-Khanda-Zentrum ist, öffnen. Die Energien werden ins Herz fließen. Dies wird dich auf eine neue Bewusstseinsebene heben.

Lasse es eine Zeit lang fließen, auch wenn sich die Pforte im Ananda-Khanada-Zentrum nicht öffnet. Alles geschieht im richtigen Moment, hier bedarf es einfach Vertrauen, es wird geschehen.

NOTIZEN

Anmerkung …

… zu den neuen Farben. Sicher hast du schon selbst bemerkt, dass unsere Zeit immer schneller läuft. Dass unsere Entwicklung in vielen Bereichen sehr schnell vonstattengeht, z. B. die Entwicklung unserer Telekommunikation, unserer Computer und vieles mehr.

Ab und an wird es mir erlaubt, einen Blick in die Zukunft zu werfen, das konnte ich schon als Kind. Nun, ich sehe, dass unsere Chakren in ferner Zukunft keine Farben mehr haben werden, sie werden weiß sein. Also, wenn sich jetzt schon eines deiner Chakren wie von selbst auf weiß umstellt, dann ist das gut, aber erzwinge nichts. Jeder Weg muss gegangen werden. Vergiss nicht: Der Weg ist das Ziel, und das Ziel ist nur das Ende eines Weges und der Beginn eines neuen, nicht mehr und nicht weniger.

Das gleiche gilt für Schwarz, lasse alle Vorurteile gegenüber Schwarz fallen, denke an das Symbol Yin und Yang. Ohne Schwarz sind wir nur die Hälfte eines Ganzen, ohne Schwarz können wir die Liebe nicht zurückholen. Wir müssen Ganz sein für eine Neue Welt, und mit voller Kraft unseren Weg gehen. Wenn sich wie von ganz alleine ein Chakra auf Schwarz umstellt, ist das gut, es ist der Ton der urweiblichen Kraft, nimm es an. Was passiert, wenn wir einen Eimer nehmen, ihn zur Hälfte mit weißer Farbe füllen, dann schwarze Farbe darauf schütten, bis der Eimer voll ist, und alles vermischen? Wir bekommen grau. Ich habe einmal jemanden sagen hören: »Grau ist das neue weiß.« Ich kann mich nicht erinnern, wo ich das aufgeschnappt habe, aber möglicherweise hat da jemand noch viel weiter in die Zukunft geschaut, als ich es kann. Ich muss oft an diese Aussage denken, und immer zaubert sie ein Schmunzeln auf meine Lippen, denn ich spüre einen Funken Wahrheit darin.

Vor einigen Jahren habe ich diese Worte in Trance aufgeschrieben, und sie erzählen von Grau:

Vereinigung in Liebe.

Die aufgehende Sonne verschlingt die Schönheit der Nacht,
löscht jede Erinnerung an das silberne Licht des Mondes aus.
Das gleißende Licht erringt die Macht.
Doch schon bald erreicht die Sonne den Zenit,
und damit beginnt das tägliche Sterben.
Am Abend, lautlos und sanft kehrt der kühle Mond zurück.
Der ewige Kampf zwischen Gold und Silber, männlich und weiblich, Licht und Dunkel.
Beide verlieren, und beide gewinnen!
Doch es gibt einen Moment, da die Macht verliert.
Einen Moment der Stille, des Stillstands –
einen Moment der liebevollen Vereinigung.
Zwielicht heißt der innige Kuss.
Im Zwielicht vereinigen sich Hell und Dunkel.
Leben heißt, das Zwielicht kennen,
die Vollkommenheit der Liebe zu kennen – nämlich dann, wenn sie ist.

Dein Chakrabild

Foto

Klebe hier ein Ganzkörperbild von dir ein, und male mit Filz- oder Buntstift deine neuen Chakren darauf bzw. auch darüber hinaus. Mache daraus eine Meditation, ein Ritual, eine Segnung oder sogar eine Einweihung.

Es ist wichtig, dass du ein Foto von dir verwendest und nicht nur eine Zeichnung deines Körpers machst. Am besten machst du eine Kopie des Fotos auf normalem Papier, so kannst du besser darauf malen, oder besorge dir Stifte, mit denen du gut und ohne zu schmieren auf ein Foto malen kannst. Dies ist für dich wie eine heilende Berührung, die du dir selbst überträgst. Es ist ein heiliges Ritual, das Kraft hat. Und bitte achte darauf, dass keine anderen Personen oder Tiere auf dem Bild zu sehen sind. Gerne kannst du ein entsprechendes Foto auch zurechtschneiden.

Du hast in deinem Inneren eine Revolution entfacht! Und nun richtest du deine Aufmerksamkeit nach außen. Mit einem neuen Blick auf alles um dich herum.
Nimm dir vor jedem der folgenden Kapitel immer ein paar Sekunden Zeit, und visualisiere dein neues Chakrasystem. Gehe mit deinen Gedanken kurz alle Farben durch, und lasse die goldenen Achten schwingen. Und mache dir keine Gedanken, wenn sich das ein oder andere Chakra noch nicht umgestellt hat. Alles braucht seine Zeit.
Wiederhole dann einfach immer mal wieder die Übung, und mache anschließend mit deinem persönlichen »Zauberbuch« einfach weiter.

Auf neuen Wegen in die neue Welt

Erkenne deine Wege! In einer Neuen Welt wird es neue Wege geben, einfache Wege. Auf welchem Weg bist du? Ist er klar und eindeutig? Ist dein Weg voller Freude und Glück?

Wo willst du hin, und was willst du auf deinem Weg erreichen? Es wird nun Zeit, sich zu entscheiden. Ist zum Beispiel die Art und Weise, wie du deine Kinder erziehst, so, wie es in der Neuen Welt sein soll? Oder wünschst du dir hier einen anderen Weg? Wenn ja, gehe diesen, und du hast ein Stück Neue Welt erschaffen.

Wünschst du dir eine neue Arbeit? Wenn ja, wie soll sie sein? Überlege auch, ob du dafür geeignet bist. Oft wird der Wunsch geäußert, selbstständig sein zu wollen. Aber ist dir klar, was das bedeutet? Vielleicht ist es für dich besser, in einer Gemeinschaft zu arbeiten, in einer Firma, die einer Neuen Welt würdig ist. Aber vielleicht schwingt in dir auch eine große Kraft, der Geist eines Pioniers, und du erschaffst mit deinem Sein ein Stück Neue Welt genau dort, wo du jetzt arbeitest. Denke darüber nach, denn ein Zufall ist es nicht, dass du bist, wo du bist.

Oder willst du am liebsten nichts tun, auch das ist okay. Dann erschaffe in dir eine Neue Welt, in der jeder auch einmal einen Monat, ein Jahr oder länger nichts tut. Aber vielleicht ist der Gedanke »Ich will nichts tun« nur ein vordergründiger Gedanke, der aus Frust und Wut entstanden ist, und er entspricht dir eigentlich überhaupt nicht. Vielleicht träumst du davon, die Welt zu sehen, zu reisen. Und wäre es dann nicht wundervoll, den Menschen diese Erfahrungen mitzuteilen, Reiseberichte zu schreiben, witzige und bewegende Begebenheiten mit all den anderen zu teilen? Damit könntest du schon gleich anfangen, schreibe einen Bericht über eine Reise, die du schon erlebt hast, aus der Erinnerung heraus, und schau, ob dir das etwas gibt – schon betrittst du einen neuen Weg.

Hast du vielleicht tiefe Wünsche, die du dir nicht erlaubst? Du erlaubst dir noch nicht einmal, diese Wünsche zu denken, weil sie allzu verwegen erscheinen ...? Oh, ich flehe dich an, öffne diesen inneren heiligen Schrein. Sprich deine Wünsche aus, auch wenn sie noch so verwegen sind und du vielleicht im Moment nicht daran glauben kannst. Wünsche sie immer wieder, und fange langsam an zu glauben, denn alles ist möglich. Begrenzungen und Barrieren gibt es nur in deinem Kopf. Erweitere dein inneres Feld der Möglichkeiten, denn in Wahrheit ist es unendlich. Ja, sicher, man muss etwas tun – dieses Buch schreibt sich auch nicht von alleine. Neue Wege beschreiten bedeutet, Neues zu tun und neu darüber zu denken. Wenn du denkst: »Das kann ich nicht«, wird es so sein. Wenn du denkst: »Das schaff ich nicht«, wird es so sein. Wenn du glaubst: »Ich bin unbedeutend«, wird es so sein. Wenn du denkst: »Ich bin grandios«, wird es so sein. Und jetzt blicke nicht nach rechts und links, wer dir wohl helfen kann. Nein, du bist dein Helfer, du bist dein Freund. Wenn du etwas für dich verändern willst, musst DU es tun.

Fange mit kleinen und einfachen Dingen an, brich alte Rituale auf. Wenn du zum Beispiel jeden Dienstag zum Sport gehst, mache es ab jetzt mittwochs. Wenn du jeden Morgen Kaffee trinkst, trinke ab jetzt Tee. Verschiebe deine Mittagspause um eine Stunde, rüttle dein System auf, verändere deine üblichen Zeiten, wann du aufstehst und wann du schlafen gehst. Wenn du nicht bereit bist, kleine unbedeutende Dinge zu verändern, wie willst du Großes und Bedeutendes verändern? All diese kleinen unbedeutenden Rituale haben Macht über dich, sie sind wie gummiartige Fesseln: Sie tun nicht weh, sie zwicken nicht, nein, du nimmst sie gar nicht wirklich wahr. Aber sie fesseln dich an deine Komfortzone, sie machen dich unfrei, starr und unflexibel. Befreien kannst nur du dich selbst.

Neue Gebete

Seit Hunderten und Aberhunderten von Jahren beten die Menschen zu Gott und bitten um Hilfe, bitten um Frieden, um Gesundheit, um den richtigen Mann oder die richtige Frau, um Geld usw. Und was ist geschehen? Nichts, stattdessen herrschen Krieg, Hunger, Gewalt an jeder Ecke. Kinder werden verstümmelt, vergewaltigt, zwangsverheiratet. Tagtäglich erleben wir Streit in der Familie, Streit zwischen Ländern, Streit zwischen Gläubigen, der oft in Hass und Gewalt ausartet. Bis hin zur Missachtung der Würde von Tieren und Pflanzen. Und wir weinen über all dies und beten. Millionen von Menschen flehen Gott unter Tränen an, zu helfen, zu erlösen, Frieden und Freiheit auf unsere Welt zu bringen.

Eine Neue Welt braucht neue Gebete, Gebete, die klarer sind. Eine Neue Welt braucht Menschen, die sich nicht vor ihrer Verantwortung drücken. Wir können nicht einfach den Kopf einziehen und unsere Augen verschließen, beten und glauben, dass, wenn wir die Augen wieder aufmachen, alles vorbei ist. Nein, so funktioniert das nicht, das beweist die Vergangenheit.

Aber wie sollen wir beten?

Als ich wieder einmal Bilder von hungernden Kindern sah, einen langen Bericht las von Kindern, die verstümmelt werden, von Kindsbräuten und davon, wie viele von ihnen nach der Hochzeitsnacht sterben, weinte ich, und meine tiefe Verzweiflung ließ mich laut zu Gott rufen: »Bitte hilf uns, hilf uns.« Da hörte ich deutlich eine kraftvolle Stimme in meinem Kopf, die sagte: »Schreibe deine Bücher.« In diesem Moment wurde mir etwas klar: Die Hilfe ist schon längst da. Wir sind die Hilfe, du bist die Hilfe. Wir müssen endlich aufhören, für Hilfe zu beten, und anfangen, die Hilfe zu sein. Die göttliche Quelle erhört uns, sie erhört uns seit Tausenden von Jahren, wir haben es bisher nur nicht bemerkt. Wir sind die Hilfe, wir sind das Licht in der Dunkelheit, wir sind die Zukunft, wir sind die Hoffnung. Wir, die Herzmenschen, die neuen Menschen in einer Neuen Welt.

Beginne jetzt! Verfasse ein Gebet, das dir und deiner Neuen Welt würdig ist. Ein Gebet, in dem du deine Kraft und deinen Mut zum Ausdruck bringst. Bete zum Beispiel: »Göttlicher Vater, göttliche Mutter, ich bin die Hilfe für die Neue Welt, leitet mich und gebt mir die Kraft und den Mut, die Neue Welt zu erschaffen. Göttlicher Vater, göttliche Mutter, segnet mich, damit ich zum Segen werde. Ich bin bereit, neue Wege zu gehen. Ich bin bereit, über mich hinauszuwachsen, damit wir morgen in einer Welt erwachen, in der alle Wesen glücklich sind und frei …«

Schreibe hier dein GEBET nieder:

....

....

....

....

....

....

Hat dein Gebet Kraft? Lies es dir selbst laut vor. Ändere, was geändert werden muss. Habe keine Scheu, etwas durchzustreichen, wenn es sich nicht stimmig anfühlt – dies ist ein Arbeitsbuch. Dann, wenn dein Gebet Kraft hat – eine Energie, von der du eine Gänsehaut bekommst –, dann ist es gut. Dann bete zur göttlichen Quelle allen Seins. Lasse dein Gebet zu einem täglichen Ritual werden. Wenn du es sprichst, sprich es laut, und umhülle es immer mit Emotionen. Du musst es fühlen. Nur, wenn du es fühlen kannst, wenn du von deinen eigenen Worten berührt wirst, hat es Kraft. Bringe dich und dein Licht damit zum Ausdruck, zeige dich der göttlichen Quelle in deiner Pracht, mit deinem Seelenlicht. Lege um jedes einzelne Wort deines Gebets Licht und deine Emotionen. Du musst verstehen, dass die Emotion das lichtvolle Gefährt ist, das deine Worte in die Felder der Erfüllung trägt. Ohne Emotion kann sich dein Gebet nicht von dir wegbewegen. Sprich mit deinem Herzen zur Quelle. Glaube an die Macht deines Herzen, an die Macht der Liebe in dir und daran, dass du alles verändern kannst. Und schon bist du einen großen Schritt näher an einer Neuen Welt, in der alle Wesen frei und glücklich sind.

Neue Politiker

Ich weiß nicht, ob jemals ein Politiker dieses Buch lesen wird, aber wer weiß ... da ich es mir wünsche und sich meine Wünsche in meiner Neuen Welt erfüllen, wird es wohl so sein. Nun, dann will ich hier der Dame oder dem Herr, der oder die sich der Politik verschrieben hat, Folgendes sagen: »Ich vertraue dir. Ich weiß, du wirst nicht ruhen, bis eine Neue Welt auf allen Kontinenten dieser Erde erschaffen ist, bis die Liebe herrscht. Ich weiß, du wirst all deine Kraft aufbringen, um Frieden herbeizuführen und Freiheit – auch für die Tiere. Und so will ich Danke sagen, denn ich weiß, dein Weg bis zu unserem gemeinsamen Ziel ist nicht leicht, aber du hast diesen Weg gewählt, weil du tief in dir weißt, dass du es schaffen kannst, und ich glaube an dich.«

In der heutigen Zeit Politiker zu sein, ist kein leichter Job. Sicher wirst du mir hier zustimmen. Und es gibt so einiges, was wir nicht nachvollziehen können oder was uns gar wütend macht oder Angst einjagt. Viele Menschen auf dieser Welt beschimpfen Politiker. Und was soll das bringen? Etwas zu verändern, indem man etwas tut, ja, das ist großartig. Aber große Reden am Stammtisch zu schwingen und Beleidigungen und Beschimpfungen über soziale Netzwerke zu verbreiten, bringt das Frieden zu uns?

Jeder, der sich ein kleines bisschen mit Schwingungen und dem Fluss von Energien auskennt, der wird verstehen, dass es unsere negativen Worte und Taten sind, die die Gegenseite nähren und damit eine Zukunft erschaffen, die wir uns nicht wünschen. Es ist wie bei der Energetisierung von Wasser: Wenn wir eine schlechte Information in das Wasser geben, werden wir schlechtes Wasser haben. Wenn wir eine positive Information in das Wasser geben, werden wir gutes Wasser haben. Also, ihr Lichtarbeiter, spirituellen Pioniere, Krieger des Lichtes, Heiler, spirituellen Lehrer, hier seid ihr gefragt … was für Politiker wollt ihr haben? Fangt an, sie zu segnen.

Eine indianische Weisheit besagt, dass jeder einen dunklen und einen hellen Wolf in sich trägt und dass es nur darauf ankommt, welchen von beiden wir füttern. Das heißt nicht, dass wir den hellen Wolf von anderen Personen füttern sollen, das muss diese Person schon alleine machen. Aber es ist an uns, an den hellen Wolf in jedem Menschen zu glauben – das ist unser Job. Und das läuft heutzutage völlig schief. Überwiegend wird an den dunklen Wolf geglaubt, und genau das ist die Energie, die den einen oder anderen Wolf erweckt. Unser Glaube ist eine ungeheuer große Macht. Deshalb: Glaube an den hellen Wolf in jedem Politiker.

Das gleiche gilt natürlich für alle, die ein machtvolles Amt begleiten, egal, ob Konzernchef oder Bankvorstand.

In meiner Neuen Welt werden hohe Ämter von demütigen und spirituellen Menschen begleitet werden. Von Personen, die einfach leben, die lichtvolle Menschen sind, die lieben können. Von Menschen, denen man gerne folgt, weil sie bereichernd sind.

Neue Regeln

Eine Neue Welt wird vermutlich neue Regeln brauchen. Möglicherweise ist das für den einen oder anderen schwierig. Natürlich wäre es schön, wenn es ohne Regeln ginge, aber vielleicht wird es so sein, dass es neue Regeln gibt, die gar nicht nennenswert sind, weil sie sowieso jeder beherzigt. Welche Regeln wären dir wichtig?

Schreibe sie hier auf:

So, du hast neue Regeln aufgeschrieben. Und wie sieht es bei dir damit aus? Beherzigst du die ein oder andere neue Regel schon jetzt? Überdenke deine Regeln noch einmal. Frage dich, ob du dich selbst an diese Regeln halten kannst? Die Neue Welt beginnt in dir, mit allem, was dazugehört. Sie beginnt, in dir zu entstehen, wenn du anfängst, sie zu leben – beginne jetzt.

Ich weiß, dass es Regeln geben wird, die nicht sofort im Jetzt umgesetzt werden können, aber vielleicht bald. Nimm es dir vor. Was ich möchte, ist, dass wir zusammen darüber nachdenken. Aber vielleicht kann doch die ein oder andere Regel auch sofort umgesetzt werden. Jetzt ist ein guter Moment, warte nicht, bis der Nachbar damit anfängt oder dein Partner oder deine Eltern, warte nicht. Denn es geht um dich!

ERKENNTNISSE

ERFÜLLEN STATT FÜLLEN

Warst du schon einmal so richtig verliebt? Und ist dir aufgefallen, dass du dann kaum etwas essen musst? Liebe nährt uns ... dies ist in allen Bereichen so! Hat man einen Job, der unglücklich macht, nimmt man oft zu, oder man fängt an, sehr ungesund zu essen. Natürlich gibt es auch das umgekehrte Beispiel: Menschen, denen emotionaler Stress auf den Magen schlägt und die dann nicht mehr essen können. Aber ich will hier auf jene eingehen, die anfangen, viel zu viel zu essen, wenn etwas nicht gut läuft.

Die Wenigsten von uns schaffen es, von heute auf morgen ihr Leben zu verändern, aber wir können etwas in uns verändern, unsere innere Haltung. Es gibt immer etwas Positives, auf das wir den Fokus legen können. Und sei es die monatliche Lohnzahlung, die unsere Wohnung und unser Essen finanziert. Egal, was es ist ... ob die Partnerschaft, die uns unglücklich macht, der Job, die Eltern oder eine Krankheit. In allem steckt etwas, was uns bereichern kann. Meine Oma hat immer gesagt: »Nichts ist so schlecht, dass es nicht auch für etwas gut wäre.«

Also: Wenn du den Drang hast, Hamburger, Pommes und Schokolade in dich hineinzustopfen, wenn du unglücklich bist, dann ist dieses Kapitel ganz besonders wichtig für dich! Lies noch einmal, was du im Kapitel »Die Vision einer Neuen Welt« ab Seite 14 geschrieben hast, und versuche, dich selbst mit einem schlanken, gesunden, biegsamen Körper in dieser Welt wahrzunehmen.

Und nun kommt die wichtigste Frage: Was wirst du in deiner Neuen Welt tun, was wird dein Job sein? Auch hier bitte ich dich: Träume größer. Wirst du Blumen pflanzen, Bilder malen, Häuser bauen oder Kinder betreuen? Was würde dich erfüllen? Versuche, die Liebe darin zu spüren, und nähre dich damit statt mit ungesunder Nahrung. Gehe nach draußen, sieh die Schönheit überall, und spüre die Liebe, die in allem schwingt – in jedem Stein, in jeder Blume, in jedem Baum, im Sonnenuntergang, in den Wolken. Verliebe dich in die Welt, denn sie ist voller Schönheit, und spüre, wie diese Liebe dich von innen heraus nährt.

Schreibe auf, was dich erfüllt:

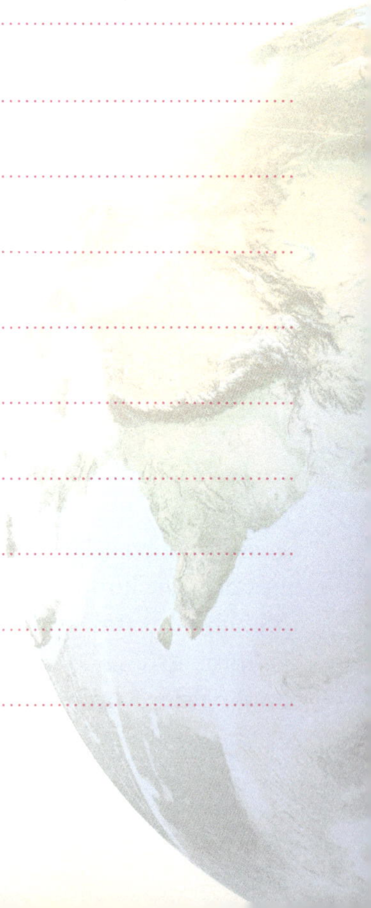

....

....

....

Und nun denke darüber nach, was du jetzt schon tun kannst, um dieser Erfüllung einen Schritt näherzukommen. Gibt es in deinem Umfeld einen Verbündeten, eine Person, mit der du darüber reden kannst? Es sollte auf keinen Fall eine Person sein, die dir nichts zutraut und dir Dinge immer sofort ausreden will, sondern jemand, der dir dabei helfen kann, auf den Weg zu kommen. Lasse dich beraten: Zuvor segne diesen Termin, bitte die Geistige Welt darum, dass du einen aufgeschlossenen Berater bekommst, und höre mit dem Herzen zu. Visualisiere dein neues Chakrasystem, lasse alle Farben leuchten und alle Achten schwingen. Wenn du willst, nimm dieses Buch mit, und mache Notizen. Aber suche niemals die Antwort im Außen, denn von dort kommen lediglich Impulse. Die Antwort liegt immer in dir. Viel mehr noch: Sie ist schön längst da, denn wenn sie nicht da wäre, gäbe es die Frage nicht.

Es ist immer alles in dir, dies ist ein kosmisches Gesetz. Für jede Krankheit, die du hast, liegt die Heilung in dir. Für jede Frage, die du hast, liegt die Antwort in dir … ohne das eine, gäbe es das andere nicht. So funktioniert eine duale Welt wie unsere, und du bist ein Teil dieser Welt. Im Tod liegt der Samen des Lebens, und im Leben liegt der Samen des Todes. Hell gäbe es nicht ohne Dunkel, das eine kann immer nur durch das andere erschaffen werden. Und so ist es auch mit deinen Fragen.

NOTIZEN

Mache eine Liste davon, was du tun kannst,
um deiner ERFÜLLUNG näherzukommen:

Lies das Kapitel »Auf neuen Wegen in die Neue Welt«
ab Seite 86 noch einmal. Und nun entscheide,
ob du BEREIT BIST.

Entscheidungen

Tagtäglich müssen wir Entscheidungen treffen. Mein bester Freund sagt immer zu mir: »Triff eine Entscheidung niemals aus Angst heraus, diese Entscheidung hat keine Kraft, und sie wird wiederkommen.« Wie ist das gemeint?

Hast du zum Beispiel einen Job oder eine/n Partner/in, der/die dich unglücklich macht? Und du fragst dich immer wieder, ob du dich davon lösen sollst, doch aus Existenzängsten oder weil du nicht alleine sein willst, erträgst du alles weiterhin? Dann ist das eine Angstentscheidung. Nun, die Erfahrung zeigt, dass sich die innere Frage, ob du dich lösen sollst, immer wieder stellen wird. So können Jahre vergehen, wertvolle Jahre.

Frage dich: Wie wirst du in deiner Neuen Welt mit solchen Lebenssituationen umgehen? Und wird es in deiner Neuen Welt Einrichtungen geben, die Menschen mit diesen Konflikten auffangen und unterstützen? Gibt es jetzt, in diesem Moment, eine Entscheidung, die du schon länger aufschiebst?

Sei mal ehrlich: Wenn überhaupt nichts passieren könnte, was würdest du ändern wollen? Ich sage dir, was ich ab und an mache: Ich stelle mir vor, ich hätte 10 Millionen Euro auf der Bank, und dann schaue ich, was ich tun würde. Jetzt du, was würdest du ändern?

Möglicherweise stellst du fest, dass du deinen Job gerne machst, dass es nur ein oder zwei Dinge gibt, die dich stören. Liebe kann dabei sehr hilfreich sein, gib Liebe hinein. Segne die Situation, segne die Menschen, und frage dich, was du damit zu tun hast. Denn wenn es dich emotional erreicht, hat es etwas mit dir zu tun – hier findest du den Schlüssel zur Erlösung. Vor allem aber, höre auf, über deinen Job zu schimpfen.

Oder vielleicht stellst du fest, dass du an dem ein oder anderen Problem selbst Schuld hast. Es gibt so viele Menschen, die andauernd Überstunden machen, darüber jammern, aber nicht aufhören und auf diese Weise sogar noch dazu beitragen, dass ein möglicher Arbeitsplatz belegt wird. Ich selbst habe das eine Zeit lang gemacht und kann dir sagen, ich bin damals weder reich noch glücklich geworden – meine Chefin schon. Nachdem ich zwei Mal zusammengebrochen bin, habe ich damit aufgehört und konnte einige Zeit später sogar durchsetzen, nur noch Teilzeit zu arbeiten. Bevor du fragst: Nein, das Geld hat nicht gereicht, deswegen habe ich mir überlegt, was ich tun kann, um Geld dazuzuverdienen. Zeit genug hatte ich ja nun. Rückblickend kann ich sagen: Das war die beste Entscheidung meines Lebens. Ich habe damals meinen ersten Workshop angeboten. Auch damit habe ich noch kein Geld verdient, aber ich habe damit ein erstes Signal gesetzt, und ich habe niemals aufgegeben. Ich habe meinen Job damals geliebt, bin immer gerne ins Büro ... nun, das Schicksal hatte aber andere Pläne mit mir. Klar wurde mir das aber erst, als ich mir einen Freiraum geschaffen hatte.

Nun blicke auf dein Leben. Wo stehst du? Wo willst du hin? Und welche Entscheidung muss dafür getroffen werden. Erinnere dich: Deine Zukunft entsteht jetzt. Betrachte deinen Job, betrachte deine Partnerschaft, höre auf deinen Körper, auf deine Gedanken, und wirf auch einen Blick auf deine Freunde. Dein neues Chakrasystem wird dir dabei helfen, Entscheidungen zu treffen. Dort liegt eine ungeahnte Möglichkeit des Wachstums. Lasse vor deinem inneren Auge immer wieder die Farben und die goldenen Achten aufleuchten, und erinnere dich an die heiligen Sätze, die du in die Achten gelegt hast. Du brauchst dafür nur ein oder zwei Minuten täglich. Was du dafür bekommst, ist ein Schritt in Richtung Freiheit.

Neue Partnerschaften

Sehr viel habe ich über dieses Thema nachgedacht. Und ich glaube, es spielt eine sehr zentrale Rolle in unserer Entwicklung hin zu einer Neuen Welt. Wir gehen mit allem eine Beziehung ein: mit uns selbst, mit unseren Eltern, mit unserem Vorgesetzten, mit unseren Haustieren und manchmal sogar mit unserem Auto. Doch im Mittelpunkt all dessen steht die Beziehung zwischen Mann und Frau. Wie sollte sie sein in einer Neuen Welt? Wenn du mich fragst: Sie sollte auf jeden Fall geheilt sein, liegt doch im Moment gerade dort so vieles im Argen. Wenn wir es schaffen, in jeder Beziehung, die wir führen, die Frage »Was bekomme ich dafür?« zu eliminieren, um sie durch die Frage »Was kann ich dafür tun?« zu ersetzen, dann haben wir meiner Meinung nach eine Neue Welt geschaffen. Wenn wir alle dies in uns verändern, dann haben wir es geschafft. Das macht uns zu Herzmenschen.

Da fragt die Ehefrau in ihrem Herzen still und leise: »Was kann ich für meine Partnerschaft tun?«, ohne einen Lohn zu erwarten. Und auch der Ehemann fragt still und leise in seinem Herzen danach. Der Mitarbeiter einer Firma fragt sich still und leise in seinem Herzen: »Was kann ich für diese Firma tun?«, und sein Chef fragt sich: »Was kann ich für meine Mitarbeiter tun?« Und dann tun wir es, ohne Dankbarkeit zu erwarten, ohne Überstunden oder Geschenke zu erwarten, sondern weil wir in uns Dankbarkeit fühlen für alles, was ist. Wir brauchen diese Energie nicht mehr von außen. Wenn ich dankbar bin für meine Partnerschaft, für meine Ehe, dann schwingt dieses Gefühl in mir.

Vielleicht ist das Konzept der Ehe nicht mehr passend für eine Neue Welt. Ich stelle mir vor, dass ein Paar zusammenkommt und immer wieder überprüft, ob die Beziehung für beide noch bereichernd ist, ob man noch dankbar ist und ob die Zweisamkeit noch glücklich macht.

Auch würde ich mir wünschen, dass junge Menschen mehr auf die Partnerschaft vorbereitet werden, damit sie ein feines und offenes Bewusstsein dafür entwickeln. Damit sie lernen, gemeinsam über ihre Gefühle und Visionen zu kommunizieren. Sie sollten lernen, ihre Dankbarkeit für diese Beziehung auszudrücken, und zwar so, dass es der andere versteht und annehmen kann. Sie sollten lernen, den anderen zu spüren, und auch genügend Zeit bekommen, um den Partner kennenzulernen, damit sie völlig frei von Erwartungen sind. Wenn ich z. B. weiß, dass mein Partner sehr unordentlich ist und ich es gerne ordentlich habe, dann gibt es zwei Möglichkeiten: Ich liebe ihn so, wie er ist, oder ich liebe ihn nicht so, wie er ist – und wenn Letzteres der Fall ist, bin ich mit diesem Menschen eben nicht zusammen. Wenn ich anfange, eine Person verändern zu wollen, wird Streit und Stress entstehen. Liebe ist dann keine mehr da – damit meine ich das vordergründige Gefühl. Natürlich ist die Liebe immer da, sie wird niemals weggehen, wenn sie einmal da war, auch dann nicht, wenn zwei Menschen beschlossen haben, nicht mehr als Paar zusammenzuleben. Wenn sie sich einmal geliebt haben, ist das für immer. Und sie können als Freunde den Weg des Lebens gehen und gleichzeitig offen sein für eine andere Person, die eben besser zu ihnen passt.

Es gibt überhaupt keinen Grund, warum man einen Menschen, den man liebt, verlieren muss. Wenn wir unser Bewusstsein erweitern, dann können wir mit unseren Expartnern befreundet bleiben und ohne Groll miterleben, wie der geliebte Mensch mit einer anderen Person glücklich ist. Wir werden glücklich sein, wenn wir aufhören, andere Wesen besitzen zu wollen, dann gibt es keine Eifersucht, keinen Neid oder Missgunst, keine Erwartungen.

Erwartungen machen vieles kaputt, in jeder Partnerschaft, auch die Partnerschaft zwischen zwei Menschen die zusammenarbeiten oder Freunde sind.

Eine Partnerschaft der Neuen Welt ist frei von Erwartungen und erfüllt von der Neugierde, den anderen mit all seinen Stärken und Schwächen kennenzulernen. Für seine Stärken werde ich ihn bewundern, und für all seine Schwächen werde ich ihn lieben. Eine Partnerschaft der Neuen Welt ist frei von Projektionen, sie ist klar, rein und trägt ein hohes Entwicklungspotenzial in sich.

In einer Neuen Welt sollte der Wunsch nach Partnerschaft ein reines Gefühl des Herzens sein. In unserer alten Welt ist er ein tief verwurzeltes Verlangen nach Sicherheit, dieses Gefühl stammt aus einer Zeit, in der wir noch tagtäglich um das nackte Überleben kämpfen mussten, in der Frauen mit ihren Kindern auf den Schutz von Männern und der Gemeinschaft angewiesen waren. Ein weiterer Grund ist, einen Sexpartner haben zu wollen, der immer zur Verfügung steht. Auch dies darf in der alten Welt bleiben, denn es ist eine niedere und sehr beherrschende Energie. Sex ist wichtig und gehört zu einer Partnerschaft dazu, jedoch sollte er nicht der Antrieb sein, sich einen Partner zu wählen. Ich denke, dass auch hier die Zeit des Kennenlernens eine wichtige Rolle spielt, um zu erfahren, welche sexuellen Vorlieben der Partner hat. Jeder sollte auch auf sexueller Ebene glücklich sein und nicht andauernd nur von seinen Vorlieben träumen müssen, weil der Partner nicht bereit ist, diese zu erfüllen. Dafür sollten Ehrlichkeit und Offenheit von Anfang an an erster Stelle stehen.

Es gibt Paare, die sich lieben, bei denen die Sexualität aber überhaupt nicht funktioniert. Oftmals geht einer von beiden dann fremd, und es kommt zur Trennung. Das ist doch traurig. Viele Menschen können sich danach nur schwer wieder binden, manche sind dann über viele Jahre Singles, unglücklich und frustriert. Dabei war die Liebe zwischen beiden Partnern immer da, ist immer noch da.

In einer Neuen Welt sollte es Menschen geben, die solchen Paaren helfen ... ein Liebescoach vielleicht. Solch ein Liebescoach sollte wie selbstverständlich regelmäßig nach den Menschen, die in einer Beziehung leben, schauen, sie unterstützen, Ängste nehmen und mit viel Gefühl die Paarbeziehung immer wieder heilen oder, wenn nötig, sanft lösen.

Eine Partnerschaft der Neuen Welt sollte erfüllt sein von Liebe, Freundschaft, Loyalität, Verlässlichkeit und Bewunderung und frei von Kontrollbedürfnissen, Besitzansprüchen, sexueller Machtgier und Konkurrenzdenken.

Auch Freiheit in der Partnerschaft ist wichtig – dem anderen seinen Freiraum zu lassen, und den eigenen Freiraum einzunehmen –, um authentisch sein zu können. Freiheit ist ein Raum, in dem Heilung entsteht, auch innerhalb einer Partnerschaft. Und damit meine ich nicht freien und wahllosen Sex, sondern den Partner so zu lieben, wie er ist, ohne ihn oder sie verändern, einschränken oder kontrollieren zu wollen, damit sich beide entfalten können. Ein Raum von wahrer Liebe ist ein Raum des Wachstums, ist ein Raum von Wärme und Vertrauen.

Was ist mit dir? Bist du Single oder in einer Partnerschaft? Und bist du glücklich, so, wie es ist. Ist dein Sexleben erfüllt? Wird dein Körper genügend berührt und liebkost? Bekommst du oft genug gesagt, wie atemberaubend schön du bist, wie wundervoll deine Augen leuchten, wenn du lachst, oder dass der Geruch deiner Haut ein Gefühl von Heimat schenkt? Bist du bereit, deinem Partner dies ebenfalls zu geben? Gibst du ihm oder ihr all das, was du dir auch wünschst?

Was denkst du: Sind wir bereit, die Machtspielchen loszulassen? Sind wir bereit, aufzuhören, uns selbst zu beschränken, uns kleinzumachen, damit der andere sich größer fühlen kann? Sind wir bereit, uns so zu zeigen, wie wir sind? Sind wir bereit, all unsere Schwächen und Stärken zu zeigen, all unseren Schmerz und all unsere Sehnsucht, um Hand in Hand mit einer anderen Person einen Raum des Vertrauens zu kreieren?

Was fehlt dir noch dazu? Wonach sehnst du dich?

Ich persönlich denke schon lange über das Thema Partnerschaft nach. Für mich fühlt es sich derzeit so an, als wäre dies eines der schwierigsten Themen, wenn es darum geht, seine eigene Wahrheit zu finden, sich vollkommen aus dem morphischen Feld herauszunehmen, um nur für sich selbst zu erkennen, wie es am Vollkommensten wäre. Folgende Übung hat mir bisher besonders geholfen. Stelle dir vor: Du bist absolut frei und unabhängig, du hast den schönsten Körper der Welt, du bist reich und aufgehoben in einer liebevollen Gemeinschaft aus Freunden und Familie. Und du kannst alles tun, was du möchtest, deine Talente und Träume leben. Wie würdest du dir unter diesen Umständen eine Partnerschaft vorstellen. Und wie würdest du dir unter diesen Umständen dein Sexualleben vorstellen. Nur wer ganz ehrlich zu sich selbst sein kann, wird eine Partnerschaft für sich finden, die einer Neuen Welt würdig ist.

Nimm ein Stück Papier, und schreibe auf, wie du dir deine Partnerschaft vorstellst. Lies deine Notizen nochmals durch, und prüfe sie in deinem Herzen. Wenn etwas fehlt oder du der Meinung bist, dass etwas wieder gestrichen werden kann, tue dies. Dann lege das Papier auf deinen Altar oder an dein Bett, und lies es am nächsten Tag noch einmal. Ändere, was geändert werden muss. Mache dies einige Tage lang, überarbeite das Geschriebene, und lies es dir selbst immer wieder laut vor. Dann folgt der schwierigere Schritt: Fange an, daran zu glauben! Nimm deinen schönsten Stift, vielleicht einen goldenen, roten oder pinken, und übertrage alles von deinem Papier hier in dein magisches Buch.

Alle, die jetzt schon in einer Partnerschaft leben, die einer Neuen Welt würdig ist, sind sehr reich beschenkt – und sie sind ein Zeichen der Hoffnung.

Solltest du zu den GLÜCKLICHEN gehören, schreibe hier nieder, wie dankbar du für deine Partnerschaft bist.

....

....

....

....

....

....

....

....

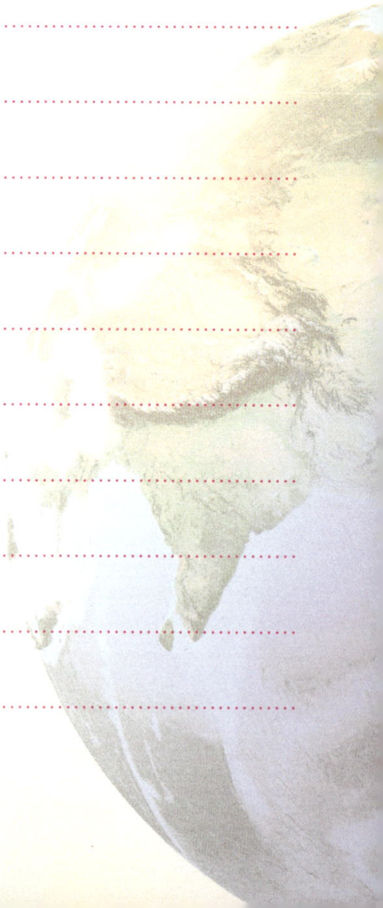

Begegnungen

Wir begegnen immer den richtigen Personen, und noch dazu immer im richtigen Moment. Begegnungen, die uns ein Mentor auf dem Weg des Lebens sind, erkennst du an großen Emotionen, die sie in dir auslösen. Ohne Emotionen ist es keine »Begegnung«. Viele Menschen auf der Straße, in der U-Bahn oder auf einem Konzert laufen an dir vorbei, sie sind ohne Bedeutung für dich und deinen Weg. Nur, wenn sie in dir eine Emotion auslösen, dann ist es eine Begegnung. Manche Begegnungen erscheinen flüchtig, doch sie lösen etwas in dir aus, andere sind intensiv und nehmen einen größeren Zeitrahmen ein, beides ist gleichermaßen bedeutend. Bewerte diese Begegnungen nicht, wir haben selten die Möglichkeit, das große Ganze zu sehen. Auch eine flüchtige Begegnung kann Gewicht haben, ein Zünglein an der Waage sein und dich in eine andere Richtung lenken.

Eine Begegnung bedeutet die Verringerung von Distanz. Es bedeutet, jemanden nah an sich heranzulassen, sich zu öffnen. Begegnungen können uns in die höchsten Höhen heben oder auch zerschmettern. Beides dient uns, beide Male sind wir einem Mentor des Lebens begegnet, denn beide Male bietet sich uns eine Möglichkeit des Wachstums, eines inneren Aufstiegs oder des Erwachens. Die Kunst ist, das zu erkennen und dich ganz von dem Gedanken freizumachen, dass du irgendeinen Einfluss hättest.

Gib dich dem Leben hin, lasse dich von einer zur anderen Begegnung treiben. Und mache dich frei von dem Gedanken, dass das ein oder andere nichts mit dir zu tun hat. Sobald du etwas fühlst, sobald es Emotionen in dir freisetzt, hast du etwas damit zu tun. Lerne, in deiner Mitte zu bleiben. Werde zum Künstler deines

Lebens, und betrachte dein Leben, als wäre es ein Kunstwerk, in dem man nicht nur helle Farben verwendet hat. Ein bedeutendes Kunstwerk braucht Zeit, offenbart Höhen und Tiefen, enthält helle und dunkle Farben. In einem wahren Kunstwerk erkennt man jede vergossene Träne des Künstlers, jedes Lachen, jede in der Tiefe verborgene Sehnsucht und vor allem die Leidenschaft des Seins. Ehre und achte jede Begegnung. Keine ist klein oder unwichtig, und keine war überflüssig.

Schreibe drei oder vier Begegnungen nieder, die dich sehr verletzt haben, die Narben hinterließen. Erkenne in diesen Begegnungen den Mentor. Nimm dir Zeit, genau darüber nachzudenken, was dieser Mentor dich zu lehren versucht hat, und schreibe es auf.

Hat dich zum Beispiel dein Mann oder deine Frau verlassen, dann will er oder sie dich vielleicht lehren, dass du eine kraftvolle Frau oder ein kraftvoller Mann bist und alleine viel mehr erreichen kannst, weil du dich endlich auf dich konzentrierst. Oder vielleicht hat er oder sie dich verlassen, weil du selbst es nicht konntest, und ihr beide sowieso schon länger unglücklich wart, dann lerne, dein Herz zu spüren und darauf zu hören. Glücklich sein kannst du nur, wenn du auf dein Herz hörst.

Hast du deinen Job verloren, dein Chef hat dir gekündigt? Dann darfst du vielleicht Vertrauen lernen – Vertrauen darauf, dass es etwas Besseres gibt, oder du darfst Demut und Dankbarkeit lernen. Vielleicht hast du immer über deine Arbeit gemeckert und wirst nun einen Job machen, der weniger Geld bringt. Du darfst lernen, dass Dankbarkeit ein Schlüssel in höhere Ebenen ist.

Öffne dich für diese in der Vergangenheit liegenden Begegnungen. Notiere sie, und schreibe dazu, was du durch sie gelernt hast.

Anschließend schreibe Zeilen des Dankes dazu. Schreibe jedoch nichts auf, was du noch nicht verstanden hast, wenn es noch zu frisch ist, sind wir oft noch zu sehr im Leid und dadurch weniger klar. In vielen Fällen zeigt sich das Geschenk, das in einer Begegnung liegt, erst später. Du weißt, dies ist ein magisches Buch. Es ist wichtig, diese Dinge niederzuschreiben und sich zu bedanken, weil du sie damit loslassen kannst. Sie sind vorbei, sie schwingen nun als Licht in deinem Feld und nicht als Leid.

....

....

....

....

....

....

....

....

....

....

Du weißt, dass uns all unsere Begegnungen etwas spiegeln. Dies bietet uns eine wundervolle Chance, zu wachsen, etwas über uns zu lernen. Jeder, der sein Herz für diese Spiegelungen öffnet, nimmt den Mentor an und wird dadurch wachsen. Oft wachsen wir dann sogar über uns selbst hinaus.

Doch eines vergessen wir oft: Der Spiegel zeigt uns auch unsere schönen Seiten, nicht nur unsere Defizite. Ich möchte, dass du in dein magisches Buch schreibst, wie wundervoll du bist. Erinnere dich an Begegnungen, die dich tief berührt haben, weil die Person oder das Wesen, der/dem du begegnet bist, so besonders war, und fühle, was der Spiegel des Lebens dir in diesem Moment gezeigt hat.

Nimm dir Zeit, gehe in die Situation hinein, und spüre sie erneut. Schreibe auch hier Zeilen des Dankes dazu, wie zum Beispiel: »Ich bin ... (Person/Wesen einfügen) so dankbar dafür, dass sie/er mir gezeigt hat, wie wunderschön ich bin.«

Und nun kreiere deinen persönlichen magischen Satz. Er soll dich begleiten. Beschreibe dich in diesem Satz mit zwei Attributen wie strahlende, heilende, wärmende, schöne, lachende, freudige, tragende … natürlich wenn du ein Mann bist dann dementsprechend tragender, lachender, freudiger usw.

Hier der Satz: Ich bin eine …, … und liebende Frau. / Ich bin ein …, … und liebender Mann.

Setze an die beiden freien Stellen deine beiden Wörter ein. Lies zuvor noch einmal alles, was du in diesem Kapitel niedergeschrieben hast, dann spüre dein Herz, und entscheide, welche Wörter du wählen möchtest.

Der Satz könnte dann zum Beispiel so aussehen: Ich bin eine freudige, wunderschöne und liebende Frau. Oder: Ich bin ein warmherziger, kraftvoller und liebender Mann.

Schreibe DEINEN SATZ nieder, er soll dich FÜR IMMER begleiten:

……………………………………………………………

……………………………………………………………

……………………………………………………………

……………………………………………………………

……………………………………………………………

Aber es gibt auch andere Formen der Begegnung: Du begegnest auch dir selbst. Ich meine diese besonderen Momente, in denen du von Emotionen erfüllt bist, ohne dass eine andere Person anwesend ist. Es ist wichtig, diese Momente zu spüren, sie an- und wahrzunehmen. Verleugne dich nicht. Gib diesen Momenten, in denen du dir selbst begegnest, mehr Raum, denn oft geschieht gerade dann Heilung.

In meinem Wohnzimmer steht ein altes Foto von mir, ich bin darauf knapp über zwei Jahre alt und blicke mit wachen aber auch ernsten Kinderaugen in die Kamera. Ich nehme dieses Bild oft monate- oder jahrelang nicht wahr, aber ab und an sehe ich es plötzlich. Oft frage ich mich dann: Wer ist dieses Kind, und warum schaut es mich so intensiv an? Starke Emotionen kommen in mir hoch, und ich spüre ein großes Verlangen nach Freiheit, nach Wachstum. Schon damals wollte ich etwas, ich sehe es in meinen eigenen Augen. Und da ist auch Wut, Ungeduld und Enttäuschung. Eine tiefe Erkenntnis schwingt in diesen Kinderaugen. Schon damals wusste ich, dass ich alleine bin, hineingeboren in eine große und liebevolle Familie, doch der Weg, den meine Seele gehen will, wird dort keine Kraft finden. Alles andere ja, aber die Kraft, die ich brauchen werde, werde ich von einer anderen Familie oder Gemeinschaft bekommen. Ich durfte etwas Wundervolles lernen, damals wie heute. Ich lernte, dass ich niemals alleine bin, dass die göttliche Quelle mich unermesslich liebt und dass man Kraft nur dann in sich finden kann, wenn man danach sucht.

Nun, sei aufmerksam, wenn du dir selbst begegnest. Öffne in solchen Augenblicken dein Herz, nimm ganz bewusst dein Herz-Chakra mit dem rosafarbenen Licht und deiner inneren göttlichen Quelle wahr. Lasse dann das Licht deiner inneren Quelle zu dir selbst fließen, zu dem Kind, das du warst oder dem Teenager ... oder, oder, oder. Betrachte dann den aktuellen Moment: Was ist gerade los in deinem Leben? Warum zeigen sich jetzt diese Gefühle? Was will dir diese Begegnung sagen, was will sie dich lehren? Und vor allem: Was will jetzt geheilt werden? In solchen Momenten spricht deine Seele zu dir, sie ist voller Weisheit, und ihre Sprache sind Gefühle. Doch ab und an spricht die Seele auch in Worten zu dir, klar und deutlich. Lerne, sie zu hören. Nimm ruhig mal wieder alte Fotos von dir zur Hand. Verbinde dich mit dir, und spüre dich. Erinnere dich an die Träume, die du hattest, als du sieben Jahre alt warst, oder daran, was du einmal werden wolltest, wenn du groß bist. Sprich mit deiner Seele, sprich mit dir selbst, und dann liebe dich wie niemanden sonst auf dieser Welt.

NOTIZEN

Helfer

In einem der vorangegangenen Kapitel habe ich geschrieben, dass du nicht nach rechts und links blicken sollst, um zu schauen, wer dir jetzt hilft, sondern dass du selbst dein Helfer bist. Dies stimmte in dem Kontext des Kapitels auch, und ich hoffe, du hast verstanden, was ich damit gemeint habe: Du sollst deinen eigenen Weg finden und gehen – deiner Wahrheit entsprechend. Doch es gibt für dich durchaus Helfer und Freunde. Suche danach in der Geistigen Welt und in der Natur. Wir alle haben Verbündete. Um eine Neue Welt aus uns heraus entstehen zu lassen, brauchen wir Hilfe.

Mein kraftvollster Verbündeter ist ein Drache. Kennst du dein Krafttier oder deinen Seelenbegleiter? Wenn nicht, finde ihn. Mein Krafttier ist ein Pferd, es hilft mir ganz oft auf der körperlichen Ebene, wenn ich müde werde oder ich das Gefühl habe, mein Körper ist kraftlos und schlapp. Der Drache ist mein Seelenbegleiter, er ist ein Teil von mir seit Anbeginn der Zeit. Er ist mein Lehrer, er hat mir sehr viel gezeigt. Öffne dich für diese Welt, aus ihr kommt die Kraft und die nötige Weisheit, die wir für unsere Neue Welt brauchen. Es gibt Engel und Aufgestiegene Meister um dich herum, wer leitet dich?

Du denkst vielleicht, dass du nicht spürst, dass dich jemand leitet. Dann fange an, es zu spüren. Es ist eine Entscheidung, die du treffen musst. Beschäftige dich mit dem Thema, lies Bücher darüber, oder: Was auch immer hilft, sind Orakelkarten. Besorge dir welche, und arbeite eine Zeit lang damit. Entwicklung ist ein Weg der Erkenntnis, aber auch der Tat. Nimm deshalb Orakelkarten, die nicht nur eine Botschaft übermitteln, sondern auch Übungen enthalten. Sie sollten dich dabei unterstützen, dich selbst zu finden. Dazu reicht eine Botschaft nicht.

Hast du keinen guten Zugang zu dieser Welt, ist das überhaupt nicht schlimm, dann ist das im Moment nicht dein Weg, dann wende dich der Natur zu. In ihr liegen eine uralte Magie und ungeheure Kräfte verborgen. Lasse dich von deiner Intuition leiten, gehe durch große Gärten, und schau, was dich ruft. Wie zum Beispiel die Wilhelma in Stuttgart, der Luisenpark in Mannheim, der Palmengarten in Frankfurt, der Botanische Garten in Berlin, der Park Planten und Blomen in Hamburg, der Schlosspark Nymphenburg in München, Park Sanssouci in Potsdam, oder gehe durch einen Wald. Lasse dich von deinem Herzen führen. Welche Blume oder welcher Baum zieht dich am meisten an? Verbinde dich mit ihr/ihm, finde den Namen heraus. Finde heraus, was diese Pflanze für Heilschwingungen hat. Dann erkenne, was es mit dir zu tun hat, und arbeite damit. Manche Pflanzen gibt es als Tee, andere kann man essen. Du kannst deren Schwingung aber auch aufnehmen, indem du den Namen auf deinen Körper schreibst. (Ich benutze dann immer den lateinischen Namen.)

Hier drei Beispiele für Pflanzenverbündete:

Begegnest du auf deinen Spaziergängen Narzissen, und du spürst tief in dir, dass dich diese Pflanze heute so sehr berührt, dass du stehenbleiben musst, um sie lange zu betrachten, dann erkenne, was sie dir sagen will. Die Narzisse beruhigt und entspannt dich, sie heilt dein verletztes Inneres, eine schwere Trauer in deinem Herzen oder eine Verschlossenheit. Sie führt dich in den heiligen inneren Raum der Selbstliebe.

Oder verspürst du eine vermehrte Lust nach Basilikum? Basilikum gibt dir Kraft für deine Nerven, dein Gehirn und dein Gemüt. Es ist wie ein Balsam für Geist und Seele und balanciert eine nervöse Erschöpfung und unruhigen Schlaf aus. Basilikum steigert und befreit dein Denkvermögen.

Die Magie des Wacholders ist es, die dich aus negativen Mustern und Gedanken befreien kann. Wacholder reinigt und löst dich aus den schlechten Einflüssen anderer, er klärt dein System von den Schwingungen eines Streits.

Was passiert in dir, wenn du das liest, interessiert dich das? Berührt es dich, und macht es dich neugierig? Pflanzen sind magische Begleiter. Aber auch Metalle, Steine und heilige Symbole können Helfer sein. Über all diese Begleiter gibt es unzählige Bücher, aber am schönsten ist es, eigene Erfahrungen zu machen, ihre Magie zu spüren. Heilige Symbole findest du im Internet. Drucke sie aus, und setze dich darauf, meditiere mit ihnen, und spüre, was passiert. Oder male sie auf deinen Körper.

Erfahre dich als Teil der Natur, um mit deinen Verbündeten in Verbindung zu treten. Dazu eignet sich Tai Chi im Freien oder eine stille Meditationen an einem alten Baum. Nutze die wundervolle Vielfalt von Lady Gaia, unserer Erde, lasse dir helfen auf deinem Weg in eine Neue Welt.

DEINE HELFERLISTE für den Alltag: Wer steht dir nahe, wer unterstützt dich?

....

....

....

Die Dämonen unserer Welt

Ein heikles Thema! Nicht jeder will etwas davon wissen, doch ich bitte dich, lies diese Zeilen.

Die Zeiten, in der Dämonen mit einer Feuersbrunst und gehörnt erschienen, sind vorbei. Das heißt aber nicht, dass sie in unserer modernen Welt nicht existieren. Einen Dämon halten Millionen von Menschen täglich in ihren Händen: die Fernbedienung ihres Fernsehers. Ebenso auch einen anderen Dämon: die Zigarette. Ich erwähne diese beiden, weil sie mir vertraut sind, beide haben mich einen Teil meines Lebens begleitet. Vielleicht sehen deine Dämonen anders aus. Doch: Wir alle sind von kleinen und großen Dämonen umgeben, die uns verführen, uns umgarnen – und zum Teil glauben wir, sie wären lieb zu uns, oder wir erliegen dem Irrtum, dass sie uns trösten, doch das ist nur ein Trick, es ist eine Falle. Sie wollen nur eins: uns davon abhalten, einen wahren lichtvollen Pfad zu gehen.

Vielleicht denkst du jetzt: Aber ich gehe doch einen wahren lichtvollen Pfad. Das mag sein, aber vielleicht nicht mit voller Kraft, nicht mit der Kraft, die dir die Geistige Welt gegeben hat. Dein Dämon bremst dich aus. Auch ich habe meine Dämonen einmal lieb gehabt und erwarte von niemandem, dass er sofort alle Dämonen aus dem Haus wirft, aber ich würde mir sehr wünschen, dass du sie erkennst. Das genügt oft schon, um sie ihrer Macht zu berauben. Und du wirst, wenn du sie beim Namen nennen kannst, anders mit ihnen umgehen. Du wirst dich nicht mehr so einfach von ihnen beherrschen lassen.

Niedere Energien schwingen in jedem von uns, ich will sie nicht alle »Dämon« nennen, und doch sollten wir nicht aufhören, hinzuschauen. Befreie dich von deinen niederen Energien, wie Neid oder Angst – von Energien, die dich dazu bringen, anderen Steine in den Weg zu legen, keine Wertschätzung für das aufzubringen, was andere tun oder sagen. All diese niederen Energien, die in dir schwingen, vergiften dich. Alles fällt auf dich zurück, jeder negative Gedanke ist wie ein Bumerang. Wenn du anderen ihren Erfolg missgönnst, wirst du selbst erfolglos sein. Wenn du großzügig bist, wird auch das Leben großzügig zu dir sein. Erkenne deine niederen Energien, nimm sie wahr, und verabschiede dich von ihnen. Du brauchst sie nicht, sie stehen dir nur im Weg, sie machen dich und dein Licht klein, eng und unflexibel. Darüber hinaus gibt es noch andere Schattenwesen. Sie sitzen in Gebäuden, manchmal im Erdreich und auch ab und an in einem Körper.

Seit einigen Jahren begleitet mich ein schwarzer Drache. Dieser Drache hat mir alles beigebracht, was ich über Drachen weiß. Er selbst hat mir erklärt, dass die schwarzen Drachen Schattenjäger sind. Oft werden Drachen mit Dämonen verglichen. Das ist ein Irrtum. Drachen helfen uns mit ihren Kräften. Andere glauben, dass Drachen Reptilienwesen seien, aber auch das ist ein Irrtum. Denn Drachen sind wie alle sogenannten Fabelwesen Energien. Sie sind Energiefelder, deren Kräfte wir nutzen können. Und: Drachen zeigen sich ganz unterschiedlich. Manche haben Schuppen, andere wiederum haben Fell oder Federn. Mein Drache hat eine dicke, feste Haut, die sich warm und rau anfühlt.

Und nun will ich dir von einer Begebenheit erzählen, die mich unglaublich geprägt hat: Ich arbeite viel mit meinem Drachen, den ich im übrigen Black nenne. Vor einiger Zeit habe ich zusammen mit vielen Drachenreitern eine alte deaktivierte Liebeslichtsäule neu entzündet – dies ist im Übrigen die Aufgabe der weißen Drachen. Diese Lichtsäule ist eine der mächtigsten auf dieser Welt, sie umfasst das komplette Areal des Taj Mahal. Als einst die Angstherrschaft über Lady Gaia kam, wurden viele unserer alten Liebeslichtsäulen von der Gegenseite deaktiviert, um die Angstherrschaft zu stärken. Doch die Lichtsäule des Taj Mahal ist wieder aktiv und stabil. Seitdem nutze ich sie.

Wenn wir z. B. ein Schattenwesen aus einem Gebäude entfernen, bringen wir das Wesen, oder die Energie, dort hin und überzeugen sie davon, in das Licht zu gehen. Black sagt, es ist wichtig, dass sie freiwillig hineingehen. Es hat auch bisher immer geklappt. Ich habe nie darauf geachtet, was passiert, wenn sie dann hineingehen. Ich wusste, dass die Lichtsäule sie aufnimmt und nach oben in lichtvolle Felder gehen lässt. Natürlich war mir klar, dass sie transformiert werden, doch ich habe nicht weiter darüber nachgedacht, für mich war meine Arbeit getan. Doch vor Kurzem habe ich zusammen mit Black einen Schatten aus einem Gebäude gezogen, und mich überkam das Gefühl, ich würde dieses Schattenwesen kennen, irgendetwas war mir so vertraut. Nun, wir flogen zum Taj Mahal. Wie immer überzeugte ich das Wesen davon, in das Licht zu gehen. Doch diesmal ging ich ganz nah an die Lichtsäule und schaute hinein. Das Schattenwesen, das wirklich alles andere als niedlich aussah, drehte sich in der Lichtsäule zu mir um, blickte mich an und verwandelte sich in einen Engel. Er sah mir in die Augen, als er nach oben davonschwebte. Ich sank auf die Knie, ich habe so sehr geweint, weil ich erkannte, dass sie alle Engel sind. Sie haben sich alle für uns geopfert, damit wir wachsen können, damit wir uns als Helden erfahren können, damit wir eine duale Welt erfahren können. Ich kannte dieses Schattenwesen aus einer anderen Zeit, lange bevor es Lady Gaia gab, ich wusste es plötzlich.

Seitdem weiß ich, dass jedes Schattenwesen einst ein Engel war. Ich kann sie nun alle noch bedingungsloser lieben und habe gleichzeitig noch mehr Kraft, meine Arbeit zu tun. Ich bin unendlich dankbar, und vielleicht hilft es dir auch.

Wir müssen nicht alle Dämonen vertreiben, um eine Neue Welt zu erschaffen. Ausgenommen sind jene, die deinen Körper schädigen. Diese solltest du loslassen – aus Liebe zu dir selbst. Alle anderen sollten wir erkennen, sie benennen und sie ihrer Macht über uns berauben. Kein Fernseher und keine Fernbedienung muss das Haus verlassen. Es ist sicher schön, sich ab und an einen Bericht, einen Film oder die Nachrichten anzuschauen. Aber wenn es dich beherrscht, du es zu deiner einzigen »Aktivität« machst oder der Fernseher einfach immer läuft, dann hat er Macht über dich. Dann überlege, das Ding einmal für einen Monat wegzupacken. Befreien kannst du dich immer nur selbst.

Notizen

Es ist nun an der Zeit, ein oder zwei Dinge zu notieren, die du in deinem Leben verändern willst. Beginne mit leichten Aufgaben: Vielleicht verzichtest du für eine Woche oder einen Monat auf Kaffee, das ist leicht, das kann jeder. Suche nach einer Alternative, ich nehme z. B. Malzkaffee. Oder verzichte eine Woche auf deinen Fernseher, ein Wochenende auf dein Telefon oder deinen Computer. Beginne mit kleinen Dingen, und steigere dich von Monat zu Monat. Und dann probiere etwas Neues aus: etwas, was du schon seit Längerem machen willst. Beginne jetzt damit. Mache einen Tanz- oder Malkurs, gehe reiten, oder mache einen Ausflug nach Straßburg, Paris oder Berlin. Oder wandere einen Pilgerweg, es muss ja nicht gleich der komplette Jakobsweg sein. Zwischendurch überprüfe deine Chakren. Schau sie dir mit deinem inneren Auge an, und gehe alle neuen Farben durch. Haben sie sich gehalten? Vielleicht wiederholst du die eine oder andere Übung ab und an noch einmal. Es braucht nur wenige Minuten am Tag, aber das kann dein Leben verändern.

Gehe in KOMMUNIKATION mit dir selbst:
Wie geht es dir? Was hast du für Träume?
Was solltest du dringend loslassen?
Nutze die folgenden Zeilen für einen inneren Dialog, höre in dich hinein.

Angst

Ab und an wird in diesem Buch von der Angstherrschaft gesprochen. So will ich der Angst hier auch ein Kapitel widmen, denn sie ist nicht unser Feind. Die Angst ist ein Warnsystem, das durchaus nützlich sein kann. Betrachten wir sie einmal ganz unvoreingenommen: Was ist Angst? Ist sie ein Gefühl oder eine Emotion? Was genau ist ein Gefühl? Nun ein Gefühl ist eine Wahrnehmung, die von außen kommt. Wenn z. B. Sonnenlicht auf deine Haut fällt, fühlst du die Wärme der Sonnenstrahlen. Du fühlst es, ohne es zu bewerten. Ein Gefühl ist eine Feststellung, keine Bewertung. Die Emotion hingegen ist die Bewertung des Gefühls, wie z. B.: Die Sonne auf meiner Haut ist angenehm und wohltuend. Die aktive Reaktion darauf wäre vielleicht ein Lächeln. So gesehen, geht einer Emotion immer ein Gefühl voraus.

Ich habe viel recherchiert, und fast überwiegend wird Angst als ein Gefühl betitelt, aber wie kann Angst von außen über ein Sinnesorgan wahrgenommen werden. Bleiben wir bei dem Beispiel mit der Sonne: Sonnenstrahlen fallen auf deine Haut, und du fühlst die Wärme. Aber deine Haut ist blass und die Sonne sehr warm – dann wäre doch eine mögliche Emotion Angst, die Angst davor, einen Sonnenbrand zu bekommen. Die Emotion ist aktiv, sie zeigt sich, wenn dich Gefühle in deinem Inneren bewegen.

Also: Wenn Angst tatsächlich eine Emotion ist, die in uns produziert wird, dann sollte es doch ein Leichtes sein, sie zu besiegen – jene Angst, die uns zu beherrschen versucht, um uns im Leben klein zu halten. Das würde bedeuten, dass es in Wirklichkeit keine Angst gibt, sondern dass außerhalb von uns nur Liebe ist. Dieser Gedanke ist nicht nur wundervoll, sondern auch logisch.

Wir wissen, dass die göttliche Quelle überall ist. Sie durchdringt alles. Dann ist es doch klar, dass da nur Liebe sein kann.

Es gibt z. B. Menschen, die haben Angst vor Mäusen: Sie sehen eine Maus und haben Angst. Kommt nun die Angst von außen oder von innen? Ich glaube, sie kann nicht von außen kommen, da eine Maus keine Bedrohung ist. Aber was löst die Angst aus?

Kleine Tiere, die in der Regel in Massen auftreten, wie Ameisen, Ratten, Mäuse usw., erzeugen Angst in uns, weil wir immer noch mit uralten Ängsten aus einer längst vergangenen Zeit verbunden sind. Irgendwo in uns gibt es ein Erinnerungsfeld, das reagiert, wenn wir bestimmte Dinge sehen. Und dieses Erinnerungsfeld ist so alt wie die Menschheit selbst – und wer weiß, womöglich sogar noch älter.

Kommt ein Hund mit gefletschten Zähnen auf uns zugerannt, ist das sehr wohl eine echte Bedrohung, und wir haben Angst. Kommt diese Angst dann von außen? Auch in diesem Fall glaube ich das nicht, weil die Menschen unterschiedlich reagieren. Der eine läuft schreiend davon, der andere schreit den Hund an und wirft ihm einen Schuh an den Kopf. Also scheint die Angst doch etwas sehr Persönliches und Individuelles zu sein.

Unser Körper reagiert, wenn wir eine bedrohliche Situation wahrnehmen, er schüttet innerhalb von Sekunden eine Mischung aus 80 Prozent Adrenalin und 20 Prozent Noradrenalin aus. Ich bin sicher, dass die physischen Prozesse der Person, die vor dem Hund davonläuft, die gleichen sind wie bei der Person, die den Hund anschreit und einen Schuh wirft. Wir würden wahrscheinlich sagen, dass die Person, die den Hund anschreit, mehr Mut hat als die andere Person, das erscheint logisch. Aber was ist Mut? Beide Personen werden mit Adrenalin und Noradrenalin überschwemmt. Bei beiden wird kurzfristig die Energiebereitstellung beschleunigt, das Herz schlägt schneller, der Blutdruck ist deutlich erhöht und die Freisetzung von Glukose verstärkt die Durchblutung der Muskulatur. Und: Die Denkvorgänge werden für kurze Zeit unterdrückt bzw. blockiert. Das ist im Übrigen auch der Grund, warum manche Menschen bei einer wichtigen Prüfung plötzlich einen sogenannten Blackout bekommen. Alles, was sie gelernt haben, erscheint wie weggeblasen.

Aber wir waren bei der Frage, was ist Mut? Sicher hat eine mutige Reaktion auf eine bedrohliche Situation etwas mit Erfahrungen zu tun. Wer in seinem Leben schon viel mit großen Hunden zu tun hatte, der weiß, dass weglaufen wenig Sinn macht. Trotzdem gehört auch für solch eine Person viel Mut dazu, stehenzubleiben und der Angst nicht die Macht über das eigene System zu überlassen. Ich glaube, dass Mut eine Entscheidung ist – eine Entscheidung gegen die Angst. Und ich bin sicher, dass jeder Mensch diese Entscheidung treffen kann.

Beginne damit, deine alltäglichen Ängste zu erkennen. Schreibe sie auf: z. B. Angst davor, zu versagen, Angst, krank zu werden, alleine leben zu müssen oder kein Geld zu haben.

Formuliere es so: Ich erkenne meine Angst vor Krankheiten. Ich sehe sie, und ich lasse sie jetzt los, denn ich brauche sie nicht mehr, mein Körper ist kraftvoll und gesund.

Dies ist ein magisches Buch, es ist äußerst wichtig, dass du alles positiv formulierst.

Noch ein Beispiel: Ich erkenne meine Angst davor, zu versagen. Ich sehe sie und kann sie jetzt loslassen, denn ich brauche sie nun nicht mehr, ich bin glücklich und erfolgreich.

Und doch gibt es auch noch eine andere Angst – eine, die uns plötzlich überkommt, ohne dass wir eine bedrohliche Situation erkennen können. Ich denke, der Auslöser oder Impuls für diese Angst kommt über unsere feinstofflichen Sinnesorgane, über unsere Chakren zu uns, über das morphische Feld. Diese Impulse sind sehr subtil und fein, sie bereiten uns ein unbehagliches Gefühl, und unser inneres Warnsystem wird leise und sanft aktiviert. Wir verändern unser Verhalten ohne einen ersichtlichen Grund. Wir wechseln die Straßenseite, machen auf der Raststätte eine ungeplante Kaffeepause.

Ich bin sicher, dass wir geistige Begleiter haben wie Engel und Krafttiere. Und ich bin sicher, dass sie uns einen Impuls schicken, wenn wir etwas ändern sollen. Jede Entscheidung bestimmt unsere Zukunft, jede. Doch über das morphische Feld kommen auch Impulse zu uns, die uns verwirren, die unseren inneren Zweifler nähren, denn jene Energien, die unsere Welt in einer Angstherrschaft halten wollen, nutzen das morphische Feld ebenso.

Alle Emotionen, die in uns entstehen, schwingen dann auch in diesem Feld und bewegen sich darin, sie sind Energien. Über diesen Weg kann Angst zu einem Gefühl werden.

Angst schwingt als Emotion in uns, z. B. wenn wir Angst haben unsere Haut beim Sonnenbaden zu verbrennen, doch sie verlässt uns als Energie, fließt ins Feld und kann von dort über die Chakren von anderen Personen als diese Angst aufgenommen werden. Dieses Feld kennt weder Raum noch Zeit. Und so kann es passieren, dass sich jemand, der überhaupt keine blasse Haut hat, plötzlich unwohl fühlt, wenn Sonnenlicht seine Haut berührt. Wir schwingen dann in einer Angst, die überhaupt nichts mit uns zu tun hat, das passiert oft. Die Reklame einer Sonnencreme oder Berichte über Hautkrebs bestätigen uns dann auch noch in unseren Ängsten. Wir sind ohne Unterlass mit Ängsten konfrontiert, mit denen wir nichts zu tun haben. Lerne, dich davon zu distanzieren. Verbinde dich mit deinem Herzen und deinem Seelenstern, und überlasse jenen Schwingungen von Angst, die nichts mit dir zu tun haben, nicht die Herrschaft über dich.

Du kannst dich vor dieser Angst nicht schützen, sondern du bist aufgefordert, jetzt diese Schwingungen umzuwandeln. Wenn du versuchst, dich zu schützen, bestätigst du nur die Angst, und sie wird dich verfolgen. Lerne stattdessen, sie zu erkennen und sie zu transformieren. Erkenne, welche Emotionen nichts mit dir zu tun haben, nimm sie in dich auf, und erlöse sie in dir. Den ersten Schritt hast du bereits getan, du hast etwas verändert. Deine Chakren schwingen in neuen Farbtönen, und das hat Auswirkungen auf das, was über das morphische Feld zu dir dringen und dich beeinflussen kann. Ebenso hat es Auswirkungen darauf, welche Impulse deine persönlichen Erinnerungsfelder stimulieren können. Es ist, als hättest du neue Filter in dein System eingebaut, und diese Filter erlauben es uns, mit diesen Energien und Impulsen neu umzugehen. Für dich bedeutet dies eine neue Freiheit. Du selbst erkennst, was wirklich eine Bedrohung für dich ist und was nur über dich gestülpt wird und nicht zu dir gehört. Du wirst Ängste, die nichts mit dir zu tun haben, erkennen und in dir erlösen. Ganz besonders wird dich hierbei das türkisfarbige Stirn-Chakra unterstützen, es öffnet deinen Geist, es ist das Auge der Erkenntnis und lässt alles, was für dich nicht wahr und richtig ist, schmelzen wie Eis in der Sonne.

Wenn nun unsere neuen Farbtöne so etwas wie neue Filter in unseren Chakren sind, wäre es nicht auch denkbar, dass diese Filter nun etwas durchlassen, was die alten Felder des Wissens und der Weisheit in uns berühren? Impulse, die die alten Filter nicht durchgelassen haben? Sind die neuen Filter weiter geöffnet, kann mehr eindringen? Vielleicht, wir werden sehen ... aber ganz sicher werden andere Impulse eindringen, neue Impulse werden mit uns in Resonanz gehen. Mit der Herz-Chakra-Übung haben wir unsere innere göttliche Quelle gespürt. Ist nun eine Kommunikation der göttlichen Quelle im Außen noch besser möglich? Du und ich, wir sind Pioniere, wir gehen voran und werden all dies herausfinden. Sei dabei ruhig optimistisch: Meine bisherigen Erfahrungen sind mehr als positiv, was diese Punkte angeht.

Für mich ist Angst kein Gefühl, sondern eine Emotion, als etwas, was von innen nach außen fließt. Am Anfang des Kapitels habe ich die Angst auch als Warnsystem bezeichnet, und das ist richtig. Zu diesem Zweck brauchen wir sie, aber wir sind ihr nicht ausgeliefert. Wir können sie beherrschen, wir sind der Herr über den Feuermelder. Der Feuermelder kann nicht über mich und mein Leben bestimmen – denke immer daran.

NOTIZEN

....

....

....

....

....

Liebe

Vielleicht hat dich das vorangegangene Kapitel zum Thema »Angst« zum Nachdenken angeregt. Wenn Angst kein Gefühl ist, sondern eine Emotion, dann müsste die Liebe als das Gegenteil von Angst ebenso eine Emotion sein, das wäre nur logisch. Aber ich glaube, Liebe ist ein Teekesselchen! Erinnerst du dich an dieses alte Wortspiel? Ein Teekesselchen ist zum Beispiel »Birne«, das eine – die Glühbirne – spendet Licht, und das andere – das Kernobst – kann man essen … oder »Pony«, das eine ist ein Tier, und das andere ist eine Frisur.

Ein Beispiel: Ich traf einmal zwei Frauen, beide glücklich verheiratet, beide mit vermögenden Männern. Beide sagten, sie lieben ihre Männer. Ich fragte beide Frauen, ob sie denn mit ihren Männern auch verheiratet wären, wenn diese als Tankwart arbeiten würden. Ich bekam keine Antwort. Wird da nicht einfach das Wort »Liebe« als ein Begriff benutzt, der gar nicht Liebe meint, sondern vielleicht Sicherheit oder Behütet-Sein oder Gelassenheit. Ein sorgenfreies Leben ist etwas Wundervolles, und es entspannt, und es ist irgendwie auch eine Form der Liebe.

Ich habe mit diesem Beispiel mal kurz nach einem Klischee gegriffen, ohne dass ich diese Frauen verurteile. Ganz im Gegenteil: Ich kann es gut verstehen. Es gibt auch Männer, die so handeln.

Das wäre dann also Liebe als Emotion, aber welches Gefühl ginge dem wohl voraus? Angst, nicht in Luxus leben zu können? Angst, die Mutter oder den Vater zu enttäuschen? Angst, das Leben alleine nicht meistern zu können? Angst, in der Gesellschaft keine angesehene Stellung zu haben? All dies hat etwas mit Selbstwert und Selbstvertrauen zu tun.

Für viele ist es immer noch unglaublich wichtig, »standesgemäß« verheiratet zu sein oder überhaupt verheiratet zu sein, so, als wäre Single zu sein etwas Schlechtes.

Ein Vater sagte einmal zu seiner noch sehr jungen Tochter – und dies ist wirklich passiert –, dass er nicht wünsche, dass einmal ihr Mädchenname auf ihrem Grabstein stehe. Anstatt zu sagen: »Ich hoffe, dass du einmal die Liebe deines Lebens findest, suche sie, und gib niemals auf.« Ist es nicht erschreckend, dass wir alle so sehr von unseren Eltern geprägt sind, gerade was die Liebe angeht. Wenn sie es uns nicht gezeigt haben, dann können wir es nicht. Das Gute ist, dass wir niemals aufhören zu lernen. Wir können die Liebe auch durch andere Menschen erfahren und auf diese Weise lernen, sie zu spüren und zu leben. Unsere größten Lehrmeister in Sachen Liebe sind unsere Haustiere. Sie berühren uns mit ihrem Sein, von ihnen lernen wir, dass Liebe ein Gefühl ist. Es sind die Berührungen, die wir nicht sehen können, die uns glücklich machen, erfüllen und heilen. In meiner Wahrheit sind Tiere inkarnierte Engel, die nur deswegen zu uns kommen, damit wir lernen, was bedingungslose Liebe ist, was Hingabe ist und was Vergebung bedeutet.

Vor einiger Zeit habe ich mich auf einen Baumstumpf gestellt, um den ganzen Baum zu spüren. Denn ich glaube, dass nichts jemals vergeht, was einmal da war, dass immer ein energetischer Abdruck zurückbleibt. Und ich glaube, dass unser Chakrasystem Berührungen aus der Vergangenheit und aus der Zukunft wahrnehmen kann. Ich stand also auf dem Baumstumpf und meditierte mit der Absicht, den ganzen Baum zu spüren, und da, ganz plötzlich, fühlte ich es: Ich war im Baum. Eine unendliche göttliche Liebe durchflutete mich, und dann war ich der Baum. Liebe hat einen

Einfluss auf Zeit und Raum, da bin ich mir ganz sicher. Mit einer göttlichen Liebe in uns können wir die Illusion von Zeit verlassen. Der Baum, der für uns im Hier und Jetzt schon lange nicht mehr sichtbar war, berührte mich. Die Berührung war Liebe, war Eingehüllt-Sein, und es war wie eine Melodie, die mich durchströmte. Meine Emotionen waren vielfältig, sie trieben mir Tränen in die Augen, füllten mich innerlich mit Frieden aus und ließen mich gleichzeitig lächeln. Es war wundervoll.

Emotionen und Gefühle sind wie eine unsichtbare Sprache, die zwischen uns hin- und herfließt, denn wir reagieren auf die Emotionen anderer. Unsere Emotionen erzeugen Wellen in uns, die über den sichtbaren Körper hinaus durch unseren nicht sichtbaren Körper fließen.

Eine andere Person nimmt diese Wellen als Gefühl wahr. Ein erwachter Mensch, ein Herzmensch also, würde sie spüren, sie aber nicht beurteilen und wissen, dass es nichts mit ihm zu tun hat. Ein Herzmensch würde negative Schwingungen, die zu ihm fließen, nicht annehmen, bzw. er würde sie bewusst durch sich fließen lassen, um sie zu transformieren und sich an positiven Schwingungen, die zu ihm fließen, zu erfreuen. Ist das nicht interessant? Unsere Emotionen werden irgendwo auf dem Weg zu einer anderen Person transformiert, werden Gefühle, die dann als feinstoffliche Energie durch alles, was ist, fließt.

Ein nicht erwachter Mensch aber könnte auf das Gefühl ganz anders reagieren. Er könnte es in sein System einfließen lassen und in eine Emotion zurückverwandeln, was zumeist auch passiert. Das kennst du bestimmt: Betritt eine Person den Raum, die sehr schlechte Laune hat, spürst du das, auch wenn es nicht zu sehen ist. Und es wird dir Energie rauben, weil du glaubst, etwas stimmt nicht mit dir, dabei hast du nur ein Gefühl gefühlt, das nichts mit dir zu tun hat, und emotional darauf reagiert. Oder du bist im Restaurant, und hinter dir sitzt ein Paar, das frisch verliebt ist. Du bist plötzlich berauscht oder vielleicht hibbelig und fröhlich. Du nimmst diese Schwingung als Gefühl auf, wie eine unsichtbare zarte Berührung, und dein ganzes System reagiert emotional darauf.

Es gibt also eine Sprache, die uns angeboren ist, eine Sprache, die wir alle sprechen, die wir alle verstehen: Es ist die Sprache unserer Gefühle und Emotionen. Die Sprache des Herzens, der Sitz deiner inneren göttlichen Quelle. Erinnere dich an die Herz-Chakra-Übung, spüre das Licht am Kreuzpunkt der liegenden Acht.

Wir sind keine passiven Statisten, sondern mächtige Schöpfer, und wir waren von Anfang an dabei – bei diesem großen Spiel des Lebens. Wir sind Teilnehmer dieses Spiels, und somit Akteure. Wir erschaffen das Universum mit, und es ist noch lange nicht fertig. Wir sind noch nicht einmal da angekommen, wo wir sagen könnten, wir seien mittendrin, nein, wir sind am Anfang. Du besitzt die Fähigkeit, schlechte Schwingungen, die von anderen Menschen kommen, zu transformieren. Dein Herz, deine innere göttliche Quelle, kann das. Dein Glaube und deine Überzeugungen sind so machtvoll, dass keine irdische Macht etwas dagegen ausrichten kann. Es ist die größte Kraft, die du in dir trägst. Glaube an die göttliche Liebe in deinem Herzen.

Dabei erschaffen Gefühle nicht nur eine Emotion, sondern immer auch Gedanken. Oder besser gesagt: Ein Gefühl ist immer an eine Emotion und an einen Gedanken gekoppelt. Wir geben dann diesem Gefühl in uns eine Bewertung, diese Bewertung hat entweder etwas mit Liebe oder mit Angst zu tun. In unserem Beispiel mit dem Sonnenlicht, das uns wärmt, ist es Liebe, wenn wir in den blauen Himmel schauen und Liebe für die Sonne empfinden. Auf diese Weise haben wir Liebe erschaffen, und sie fließt aus uns heraus. Im anderen Beispiel, bei dem wir glaubten, dass uns die Sonne verbrennt, erschaffen wir Angst. Sie nimmt den gleichen Weg wie die Liebe, fließt aus uns heraus und in das Feld hinein.

Auf dem Weg in eine Neue Welt solltest du versuchen, der Liebe immer deine Aufmerksamkeit und einen Raum zu geben, auch wenn die Sonne scheint und deine Haut blass ist. Alles, was wir im Außen erleben und wahrnehmen, was uns emotional aus unserer Mitte bringt, ist auch eine Spiegelung unseres Inneren, und umgekehrt. Wir sind die Schöpfer. Du erschaffst deinen morgigen Tag. Ist Liebe in dir, wird dir Liebe überall begegnen, die göttliche erlöste Liebe, meine ich. Oft schwingt in unserem Bewusstsein einiges, was uns eher von der Liebe entfernt, wie Kontrolle, Angst, Mangeldenken und Bewertung. Entscheide dich für die wahre Liebe. Lasse sie der Motor in dir sein, der dich antreibt, jeden Augenblick. Verlasse die Welt der Illusionen, die dir vorgaukeln will, dass dich Sicherheiten oder Geld glücklich machen können. Wenn die Liebe in deinem Inneren über einen längeren Zeitraum abwesend ist, dann wird es dort kalt und dunkel werden, dann wird genau das dich beherrschen – das ist dann eine selbst geschaffene Hölle. Die Liebe ist immer da, sie leuchtet dir überall entgegen – durch die Sonne, die Blumen, die Bäume, durch Kinderaugen und durch die unzähligen Engel, die sich dir als Tiere zeigen. Sie sind jederzeit bereit, dich die bedingungslose Liebe zu lehren. Schaue nur hin, und höre zu, sie sprechen zu dir in der ältesten Sprache, die es in diesem Universum gibt: der Sprache der Gefühle.

Eines ist besonders wichtig und wahr: Unsere Gefühle, Emotionen und Gedanken sind eng miteinander verknüpft, und gemeinsam haben sie einen mächtigen Einfluss auf unsere Gene. Ein Mensch der Neuen Welt zu sein, ein Herzmensch, ist eine innere Entscheidung, die du triffst. Dieser Entscheidung werden Taten folgen. Du wirst anders denken und fühlen. Du wirst frei sein, und du wirst dich und diese Welt verändern. Diese Veränderung wird Auswirkungen auf allen Ebenen haben.

Die Liebe ist der Schlüssel.

NOTIZEN

....

....

....

....

....

....

....

....

Möglichkeiten

Imagination ist die menschliche Fähigkeit, Bilder im Geiste zu erschaffen. Wir sind in der Lage, uns eine Vielfalt an Möglichkeit vor Augen zu führen, wie zum Beispiel die Möglichkeit, reich zu sein. Wir können uns vorstellen, dass ein Traum wahr wird. In uns entstehen dann Emotionen, jeder kennt das. Wir empfinden Glück, obwohl wir uns die Situation nur vorgestellt haben. Das liegt daran, dass unser Gehirn keinen Unterschied zwischen imaginierten und realen Bildern kennt. Ob wir uns etwas nur vorstellen oder ob wir es wirklich erleben, unser Gehirn reagiert auf beides gleich. Unser Gehirn kennt keinen Unterscheid zwischen der sogenannten Realität und unserer Fantasie. Es erzeugt in beiden Fällen Emotionen, und mit diesen Emotionen können wir unseren Gedanken Kraft geben. Wir können unsere Träume verwirklichen, wenn wir positiv empfinden. Wenn wir die Möglichkeit, reich zu werden, betrachten und unser Bauch sagt: »Yippie yeah, auf geht's, prima, jetzt werd ich reich«, dann wird uns dieses Gefühl in die richtigen Bahnen lenken. Wenn wir uns aber stattdessen fragen, wie das gehen soll, und meinen, dass wir dafür keine Kraft haben und dass das mit dem Reich-Werden eh nichts wird, lenkt uns das nirgendwohin. Solche Gefühle lassen uns viel eher im Kreis gehen oder starr werden. Und so erschaffen wir unser Leben, unsere Zukunft.

Umso mehr helfen uns auch hier die neuen Schwingungen in unseren Chakren. Hier liegt der Schlüssel, um alte Konditionierungen umzuprogrammieren oder sie schlichtweg zu ignorieren, weil du erkennst, dass du all deine Glaubenssätze einfach loslassen kannst. Die neuen Töne schenken uns vielfältige Möglichkeiten, um neue Emotionen zu alten Gedanken und Wünschen zu erschaffen. In jedes Chakra ließen wir mit der Kraft unserer Herzen die Worte »Alles ist möglich« einfließen. Und wir ließen diese Worte auf einen neuen unbenutzten Boden fallen, nämlich auf eine neue Schwingung in deinem Chakra. Beides ist wichtig.

Überzeugungen verändern diese Welt, sie verändern die Materie. Das, was du über diese Welt zu wissen glaubst, was du über sie denkst, wird wahr werden. Alles, was du über dich denkst, wird ebenso wahr werden. All deine Träume, alle Wünsche und Sehnsüchte sind deswegen in dir, weil in dir auch die Möglichkeit schwingt, diese zu erfüllen. Wenn du dies nicht könntest, hättest du diese Wünsche und Sehnsüchte überhaupt nicht. Für all die Fragen, die in dir sind, trägst du auch die Antwort in dir. Das eine kann nicht ohne das andere sein. Gäbe es die Antwort nicht, so gäbe es auch die Frage nicht, beides kommt immer aus der gleichen Quelle. Sie kommen aus einem inneren Feld in dir, nur dadurch können überhaupt erst diese Gedanken und Fragen in uns entstehen.

Wir denken tagtäglich an alles Mögliche. Viele von diesen Gedanken erzeugen keine Emotionen. Wenn ich mir vorstelle, eine weltberühmte und gefeierte Sportlerin zu sein, kann ich vielleicht für einen Moment diese Vorstellung genießen, doch sie löst kaum eine Emotion in mir aus. Mein persönliches Feld geht mit diesem Traum nicht in Resonanz, er ist bedeutungslos. Also lenken mich meine Bauchgefühle auch erst gar nicht auf einen sportlichen Pfad. Aber wenn ich mir vorstelle, dass ich ein Buch schreibe, das durch Millionen von Händen wandert, dann bekomme ich Tränen in meinen Augen, und ich spüre eine innere Kraft. Ich spüre dann eine unendlich große, überwältigende Sehnsucht. Diese Sehnsucht ist umhüllt von den Tönen meiner neuen Chakren und wird eingebettet in den Zauber von »Alles ist möglich«. So kann sich eine Tür, eine Möglichkeit, öffnen.

Ich wurde auf einen Pfad gelenkt. Meine ersten Schritte waren zögerlich, alles war neu. Doch ich fand etwas auf diesem Pfad – ich fand die Liebe, ich bin mir selbst begegnet. Und ich weiß nun, dass ich auf dem goldenen Pfad meiner Seele wandle.

Lange habe ich solche Kräfte missachtet, weil ich schlecht in Rechtschreibung bin, weil unser Schulsystem mir anhand von Noten vermittelt hat, ich sei dumm, weil ich immer dachte, ich kann das nicht. Dies hat mich über viele Jahre von der Vielfalt meiner Möglichkeiten abgetrennt, und ich habe es zugelassen.

Behüte deine Träume. Sie sind gefüllte Schatztruhen. Sie führen dich zu all deinen Möglichkeiten, und dann wähle mit dem Herzen, nicht mit dem Verstand.

Das Herz ist das stärkste elektromagnetische Feld, das wir haben, also elektrische und magnetische Energie. Diese beiden Kräfte sind die Kräfte, die nötig sind, um ein Atom zu verändern, sprich: die Materie. Wir können mit dieser Kraft alles verändern. Unser Gehirn kann das auch, denn es ist der Ort, an dem unsere Gedanken entstehen.

Im Moment ist das Gehirn noch hundertmal schwächer als das Herz. Es hat sich in seinen Fähigkeiten nicht fortentwickelt, so, wie viele glauben. Nein, es entwickelt sich zurück, das ist ein großes Problem. Die Zirbeldrüse, unser Organ für die übersinnlichen Wahrnehmungen, ist geschrumpft und bei den meisten von uns energetisch verkapselt und/oder verkalkt. Weder Herz noch Gehirn laufen auf 100%, beides darf sich noch befreien. Wenn Herz und Gehirn wieder vollständig genutzt werden, dann verschmelzen sie, eine innere Fusion findet statt. Auch die Chakren verschmelzen, ein einziges pulsierendes Chakra entsteht, frei, strahlend und erlöst.

Noch liegt ein großes Stück des Weges vor uns. Frage dich niemals, wann das geschieht! Richte deinen Blick nicht zu verkrampft auf das Ziel, sondern schaue auf den Weg. Erkenne jetzt deine Möglichkeiten, fühle jetzt deine Träume, und dann gehe jetzt den nächsten Schritt mit all deiner Aufmerksamkeit und Liebe. Nur im Jetzt kannst du deine Möglichkeiten wahrnehmen, deren potenzielle Erfüllung du bereits jetzt in dir trägst. Alles, wovon du träumst, kann wahr werden. In dir schwingen unbegrenzte Möglichkeiten. Das Einzige, was du noch tun musst, ist, zu glauben und anzufangen. Gehe den nächsten Schritt.

NOTIZEN

....

....

....

....

....

....

....

Fülle & Reichtum

In meiner Vergangenheit war dieses Thema sehr präsent. Einige Jahre habe ich im Vertrieb in der Modebranche gearbeitet. Ich hatte ein sehr großes Gebiet zu betreuen, habe Kunden besucht und die Messen betreut. Das ist lange her, aber damals schon jammerten die Leute, sie hätten kein Geld, seien verzweifelt und ständen ständig Auge in Auge mit dem Ruin. Danach zog ich nach Frankfurt und arbeitete dort als Eventmanagerin. Auch hier erlebte ich das gleiche, auch hier wurde stets und ständig darüber gejammert, wie schlecht es einem ging. Und nun bin ich in der spirituellen Branche gelandet, und auch hier jammert es von allen Seiten. Doch ist das wirklich wahr? Geht es uns wirklich so schlecht?

Einige Personen, die ich kenne, beklagen sich, obwohl sie in der Fülle sind. Geschäfte, die ich vor einer gefühlten Ewigkeit in der Modebranche betreut habe, gibt es immer noch, auch das Haus und das schicke Auto sind noch da. Ich werde nie vergessen, wie ich einmal bei einer Freundin saß, die aus Geldnot fast weinte. Ich wollte schon mein ganzes Geld hervorholen, um es ihr zu geben. Da klingelte das Telefon, sie ging kurz dran und berichtete mir dann, dass das die Putzfrau gewesen sei, die am nächsten Tag kommen sollte, um die Wohnung auf Vordermann zu bringen – eine Wohnung mit drei Zimmern –, mir blieb die Spucke weg. Leider habe ich noch so eine oder zwei ähnliche Erfahrungen gemacht, sodass ich heute nicht jedem Glauben schenke, der über seine Geldnot jammert.

Es gibt viele Menschen, die wirklich kein Geld, kein Auto und kein Haus haben und eigentlich Grund zum Jammern hätten. Oft sind es gerade diese Menschen, die nicht jammern. Stattdessen sind sie zufrieden und freuen sich, wenn der Salat und das Gemüse im Garten gut gedeihen.

Was ich damit sagen will, ist, dass Fülle und Reichtum ganz individuelle Gefühle sind, die nicht zwangsweise etwas mit Geld zu tun haben müssen.

Wie ist es bei dir? Schaue einmal ganz klar und unbefangen auf deine finanzielle Situation. Wie geht es dir damit? Schwingt in dir ein Mangelbewusstsein? Vielleicht ist dieses Mangelbewusstsein noch dazu verbunden mit einer ablehnenden Haltung gegenüber Geld und Reichtum? Und wie verhältst du dich reichen Menschen gegenüber? Hast du ihnen gegenüber eher positive oder negative Gefühle? Wie steht es mit deinem Geiz? Bist du ein Schnäppchenjäger? Wenn ja, dann hör auf damit. Sind da immer wieder Gedanken wie: »Ich muss sparen« oder »Das kann ich mir nicht leisten«?

Um Fülle und Reichtum in dein Leben zu bringen, ist es wichtig, dies nicht an materiellen Dingen festzumachen, auf diesem Wege funktioniert das nicht. Fülle und Reichtum haben etwas mit einem inneren Gefühl zu tun, es geht darum, sich erfüllt zu fühlen. Wenn du dich in dir erfüllt fühlst, dann kommt die Fülle im Außen von ganz alleine. Und wann fühlen wir uns erfüllt? Dann, wenn wir uns Wünsche erfüllen, ohne schlechtes Gewissen, wenn wir in uns frei sind und nichts als Freude spüren.

Es gibt Menschen, die haben so viel Geld, dass sie sich zum Beispiel ohne Probleme einen Traum erfüllen und für einige Millionen eine Segelyacht kaufen können … und dann? Dann liegt diese Yacht in einem Hafen, weil der Besitzer so damit beschäftigt ist, zu arbeiten, um weitere Millionen anzuhäufen, dass er es nur alle zwei Jahre schafft, für eine Woche und dann vielleicht völlig gestresst auf seiner Yacht zu sitzen. Das kann es doch nicht bedeuten, sich einen Traum zu erfüllen. Träume haben doch nichts mit Besitz zu tun, sondern damit, frei zu sein, etwas tun zu können. Der Traum ist es doch, mit der Yacht um die Welt zu reisen.

Egal, wie viel Geld du hast, tue etwas, was dich erfüllt. Man kann auch erfüllende Dinge tun, ohne Geld ausgeben zu müssen.

Im ersten Jahr meiner Selbständigkeit kam ich eines Tages an einen Punkt, da hatte ich kein Geld mehr. Das Limit auf meinem Bankkonto war ausgereizt, und bis zum nächsten Workshop waren es noch fünf Tage. Ich leerte alle Taschen und kramte alles zusammen, was ich finden konnte: Mein Gesamtvermögen belief sich auf 8,25 €. Der Kühlschrank war leer, ich musste etwas zu Essen kaufen, also ging ich zum Supermarkt. Am Eingang stehen dort immer Schnittblumen. Eilig ging ich daran vorbei, Blumen kamen nicht in Frage. Doch mein Seelenbegleiter, der schwarze Drache, war da ganz anderer Meinung. Eindringlich hörte ich seine Stimme in meinem Kopf: »Kauf Rosen.«

»Auf keinen Fall«, dachte ich.

»Kauf Rosen«, vernahm ich ganz deutlich.

»Bist du verrückt, nein«, schimpfte ich innerlich.

Er erzeugte Druck in mir. Ich kannte dieses Gefühl, es war nicht das erste Mal, dass er das tat. Und ich wusste, dass es wichtig war. Also atmete ich tief ein und aus und nahm einen Strauß orangefarbene Rosen. Als ich den Strauß in meinen Einkaufskorb legte, veränderte sich plötzlich alles in mir. Ich hatte eine Entscheidung getroffen – eine Entscheidung, die meine inneren Existenzängste in ihre Schranken verwies. Erst da bemerkte ich, wie starr mein ganzes System war. Jetzt konnte wieder Licht durch mich fließen. Lachend und voller Glück lief ich durch den Supermarkt und kaufte für den Rest des Geldes ein. Die Rosen stellte ich zu Hause auf meinen Schreibtisch. Und soll ich dir etwas sagen? Sie nährten mich, ich hatte überhaupt keinen Hunger. Der Rosenstrauß hielt fast drei Wochen, es war unglaublich. Ich fühlte mich reich. Obwohl ich kein Geld hatte, habe ich Rosen gekauft. Das löste in meinem Inneren ein so unglaubliches Gefühl von Fülle und Reichtum aus. In mir leuchteten Emotionen auf, die mich befreiten, ich fühlte mich kraftvoll, unbezwingbar, so, als hätte ich einen Kampf gewonnen. Ich fühlte mich als Siegerin.

Einst hat Jesus bei der Bergpredigt folgende Worte gesprochen: »Darum sage ich euch: Alles, was ihr bittet in eurem Gebet, glaubet nur, dass ihr's empfangen werdet, so wird's euch werden …« (Markus 11,24)

Verfasse ein Gebet, um für dich die Schleusen von Fülle und Reichtum zu öffnen. Zum Beispiel: »Die göttliche Quelle in ihrer unermesslichen Weisheit versorgt mich mit allem, was ich brauche. Ich verdiene Fülle und Reichtum im Inneren und ebenso im Außen. Mein Leben ist voller Fülle und Reichtum und ich bin unendlich dankbar …«

Mein GEBET der Fülle

Vergangenheit

Bestimmt hast du schon einmal davon gehört, dass die Zeit nicht linear ist. Es ist also nicht so, dass die Zukunft vor dir liegt und die Vergangenheit hinter dir, sondern alles geschieht im Jetzt, sozusagen parallel. Das ist verwirrend, jedenfalls für mich, aber meine geistigen Lehrer bestätigen dies immer wieder. Mehrfach habe ich in diesem Buch gesagt, dass wir mit unseren Gedanken, unseren Worten, Taten und Entscheidungen unsere Zukunft kreieren, und ich glaube, das kann jeder verstehen. Allerdings möchte ich dir aufzeigen, dass du nicht nur die Zukunft kreieren, sondern auch Einfluss auf deine eigene Vergangenheit nehmen kannst.

Eine Annahme der Quantentheorie besagt, dass der Beobachter einer Gegebenheit diese eben durch seine Beobachtung beeinflusst. Inzwischen konnte experimentell nachgewiesen werden, dass Lichtteilchen durch den Akt der Beobachtung tatsächlich beeinflusst werden und dass der Einfluss mit der Intensität der Beobachtung sogar wächst. So weit, so gut. Nun, wir sind nicht nur Teilnehmer unseres Lebens, wir sind auch unsere eigenen Beobachter. Nehmen wir einmal eine schlimme Begebenheit aus der Vergangenheit, jeder hat schon einmal etwas Schlimmes erlebt. In dem Moment, als dieses Ereignis passierte, waren wir möglicherweise in großer Angst, ja, vielleicht sogar in Todesangst. Bei vielen Menschen heilt die Zeit diese Wunden, die Erinnerung an diese Begebenheit verblasst, macht uns heute keine Angst mehr. Wir werden vom Teilnehmer zum Beobachter, wir blicken in unsere Vergangenheit. Und ich glaube, dass wir die Vergangenheit insoweit verändern können, als wir sie beurteilen. Blickst du auf das Erlebnis zurück und verfällst immer noch in Angst, wirst du wieder zum

Teilnehmer. Oder blickst du als Beobachter in die Vergangenheit? Ich denke, dass wir auch hier mit unseren Entscheidungen und Gedanken vieles verändern können. Natürlich können wir Dinge nicht ungeschehen machen, aber wir können entscheiden, wie wir damit heute umgehen und wie oder ob es uns im Jetzt beeinflusst. Traumatische Erlebnisse können einfach losgelassen werden. Sie haben keine Macht über dich, wenn du dich dafür entscheidest. Egal, wie schlimm es auch war, du bist noch hier. Du hast deinen Körper nicht verlassen, deine Seele will dieses Leben.

Um einen Diamanten zu schleifen, damit er sein höchstes Licht zeigen kann, bedarf es einiges. Du bist dieses Licht, das Seelenlicht. Wir alle sind auf dem Weg der Entwicklung, und dafür brauchen wir Erfahrungen – weil Erfahrungen Emotionen freisetzen und unsere Seele sich von diesen Emotionen nährt. Dabei wertet die Seele nicht, für sie gibt es kein Gut oder Schlecht, sie ist vollkommen frei von Bewertungen. Und je eher du erkennst, dass du eine unsterbliche Seele bist, desto eher wirst du aufhören, Situationen in gut oder schlecht zu unterteilen. Das bedeutet, du entfernst dich von der Dualität. Das ist gut.

»Liebe deinen Nächsten wie dich selbst ...« In diesem Satz Jesus liegt eine uralte Magie verborgen, ein Zauber, der uns dahin führen will, dass wir Energien der Liebe in die Dunkelheit lenken – nicht, um die Dunkelheit zu befreien oder zu heilen, nein, um uns selbst zu befreien und zu heilen, indem wir die Dunkelheit nicht mehr bewerten. Es geht darum, zu erkennen, dass es eine höhere Schwingung gibt, dass du jeden Augenblick aus dem Drama deiner Welt aussteigen kannst, dich selbst in höhere Schwingung versetzten kannst. Der Schlüssel dazu ist, deinen Nächsten so sehr zu lieben wie dich selbst. Aber diese Aussage von Jesus sagt auch zu dir: »Liebe dich«. Alles ist mit allem verbunden, wir nähren damit das Feld. Was du für andere erschaffst, wird immer zu dir zurückfließen. Du erschaffst also alles auch für dich, im Guten wie im Schlechten. Erschaffst du ein Feld der Liebe, wirst du inmitten dieses Feldes leuchten. Jede schlimme Begebenheit aus deiner Vergangenheit sendet Schwingungen in dein Jetzt, und so, wie du diese Begebenheit betrachtest – mit Wut, Hass, Zorn, Abscheu oder Liebe, Verständnis, Vergebung –, genau so erreichen dich die Wellen dieser Begebenheit in diesem Augenblick und erzeugen in deinem Leben genau das: Wut, Hass, Zorn oder Liebe.

Befreie dich selbst. Lasse nicht zu, dass deine Dramen dich beherrschen, nur weil sie dir mittlerweile so vertraut sind. Jammern, Meckern und Sich-Beklagen bringt keine lichtvolle Schwingung in dein Leben. Und erkenne, alle Formen von Abhängigkeiten pressen uns in unsere alten Muster. Wenn du trinkst, weil dich dein Vater geschlagen hat und du damals die Entscheidung getroffen hast, dass du das Opfer bist, wird dich der Alkohol immer wieder in dieses Muster drängen, du wirst immer Opfer bleiben. Ewiges Jammern und Sich-Beklagen ist nicht besser als zu trinken, Abhängigkeiten können sich in so vielem verstecken. Doch zu erkennen, dass die Dinge, die uns widerfahren, Erfahrungen sind, und sie nicht zu bewerten, ist fast unmöglich, wenn wir in unseren Abhängigkeiten feststecken. Wir bleiben an unseren alten Mustern kleben. Wir klagen, jammern, sind Opfer, aber dieses Opfer haben wir dann selbst erschaffen.

Dies soll kein Vorwurf sein, sondern zum Nachdenken anregen. Du kannst das, was geschehen ist, nicht ungeschehen machen, aber du kannst vergangenen Situationen ihre Macht über dich nehmen, indem du selbst machtvoll wirst und erkennst, dass du der Schöpfer deines Lebens bist. Beobachte und verurteile nicht, sondern werde zu einem spirituellen Wissenschaftler, und entdecke den Zauber, der in allem steckt. Und wenn du den Zauber nicht erkennen kannst, dann glaube. Finde deinen Glauben an eine göttliche Quelle, und du wirst erkennen, dass alles einen Sinn hat, alles auch etwas Gutes in sich birgt und dass aus einer noch so schlimmen Situation irgendwann einmal etwas Gutes wird.

Dein Gehirn kennt keinen Unterscheid zwischen dem Innen und dem Außen. Unser Gehirn reagiert auf das, was wir uns vorstellen, so, als wäre es real. Es reagiert auf dieselbe Weise darauf, das hat man bei Untersuchungen des Gehirns festgestellt. Und das ist für mich der Beweis dafür, dass unsere Fantasie- oder Trancereisen heilsam sein können.

Und da wir wissen, dass es keine Zeit gibt, können wir in die Vergangenheit reisen, um dort wundervolle Begebenheiten zu nutzen, um deren Energie im Jetzt zu spüren, sie nähren uns. Und da das Gehirn auf das reagiert, was wir uns vorstellen – mit den gleichen inneren Abläufen – können wir auch Begebenheiten erschaffen oder wiederentdecken, die wir zum Beispiel in einer anderen Inkarnation erlebt haben. Es ist völlig egal, ob dies bewiesen werden kann oder nicht, dein Gehirn reagiert darauf. Wichtig ist dabei, dass du aufhörst, die niederen Energien aus deiner Vergangenheit immer wieder in deinem System hochzuladen, dies ist absolut kontraproduktiv. Es schadet dir. Es schadet nicht nur deinen inneren Befindlichkeiten, nämlich, dass du unglücklich bist, nein, es wird langfristig auch deinem Körper schaden. Und es wird den Menschen schaden, die du liebst, die ständig in deinem Feld sind. Du hast unzählige Möglichkeiten, wie dein Leben ab jetzt weitergehen wird. Es ist immer, zu jeder Zeit, in jedem Moment, alles möglich. Die neuen Chakren werden dir helfen, diese Möglichkeiten ein bisschen schneller umzusetzen. Wir beide, du und ich, sind auf dem Weg in eine Neue Welt, und mich macht das unglaublich glücklich, egal, wie lange es noch dauern mag, es spielt für mich keine Rolle. Denn ich habe beschlossen, meinen Weg zu lieben, auch wenn es noch viele »Baustellen« gibt – aber Aufgeben zählt nicht.

Alles liegt in deinen Händen, die Zukunft ebenso wie die Vergangenheit. Beides kannst du beeinflussen: mit deinen Gedanken, mit deiner Fähigkeit, bedingungslos zu lieben und dankbar zu sein und mit deinem Glauben.

NOTIZEN

DORT, WO DU BIST, BIST DU RICHTIG

Ich begegne in meiner Arbeit vielen Menschen, und etwas haben viele von ihnen gemeinsam: Sie wollen da, wo sie jetzt sind, nicht sein. Sie wünschen sich einen anderen Job, wünschen sich als Single einen Partner oder als Ehefrau/Ehemann die Scheidung, wünschen sich, am Strand zu leben, oder wünschen sich, sie hätten andere Eltern. Sie schauen um sich und suchen beständig einen Weg, damit sich etwas verändert, machen Trancereisen, meditieren, gehen zu Heilsitzungen und blicken weiter um sich. Dabei schweift der Blick immer weiter in die Ferne. Die Wünsche wenden sich gegen sie, werden zu Sehnsüchten, fangen an, schmerzhaft zu werden, verdichten sich und zeigen sich als Blockaden im Körper. Dabei übersehen sie, dass die Heilung all dessen im Jetzt liegt.

Der Schlüssel, damit all diese Wünsche in Erfüllung gehen, liegt in der Erkenntnis, dass du dort, wo du jetzt bist, genau richtig bist. Warum ich das so sicher behaupten kann? Ganz einfach, wenn es nicht so wäre, wärst du woanders. Wenn du das Jetzt lieben kannst, mit dem Job, den du hast, deinem Partner oder dem Umstand, dass du keinen Partner hast, dann wirst du zu einer stehenden Welle, ein Pulsieren kommt aus deiner Mitte heraus. Und was passieren wird, ist, dass du keine Wünsche mehr hast, denn du schwingst in Liebe mit allem, was ist, und diese Liebe durchdringt alles. Wünsche transformieren zu Möglichkeiten und erweitern deinen Horizont und dein Leben.

Entwicklung kann erst dann entstehen, wenn du anfängst, z. B. deinen Job zu lieben, und wenn dieser Job nicht der richtige ist, dann wird man dir in dem Augenblick, in dem du ihn ganz annimmst, kündigen, weil du ihn dann nicht mehr brauchst, um zu lernen. Wenn du als Single glücklich bist und erkennst, dass du nie alleine bist, dann wird ein Partner kommen, denn dann brauchst du die Erfahrung des Singledaseins nicht mehr. Und wenn trotzdem kein Partner kommt, dann wirst du vielleicht erkennen, welch große Aufgabe auf dich wartet – eine Aufgabe, die dich so erfüllt, dass eine Partnerschaft im Moment keinen Raum hat.

Blicke auf dein Leben, blicke auf deine Wünsche, und erfülle dir deine Wünsche, indem du anfängst, jede Situation zu lieben. Alles hat etwas mit uns zu tun, die Menschen um uns herum, die Tiere und auch alle Situationen, die uns widerfahren. Wir sind Teil dieser Situation, sonst würdest du sie nicht erleben, du hast einen Anteil daran. An den schönen genauso wie an den schlimmen Situationen. Sei du die Liebe auf dieser Welt, und dann ist es egal, ob du Banker, Heiler oder Toilettenfrau bist, du wirst in dir dein eigenes Licht spüren, und die täglichen Handlungen deines Lebens werden alle zu einem heiligen Ritual.

NOTIZEN

....

....

....

....

Die Tornados des Lebens

Das Leben besteht aus Höhen und Tiefen, das ist uns allen bekannt, und jeder hat beides schon erlebt. Es gibt Menschen, die sich von den Tornados des Lebens einfach wegreißen lassen, davonfliegen und nicht mehr zurückkommen. Menschen, die den Halt verlieren und den Rest ihres Lebens in der Opferrolle gefangen sind. Sie fangen an zu trinken oder nehmen andere Drogen. Sie flüchten sich in die Arbeit oder in die Einsamkeit.

Was ist wohl der Unterscheid zwischen den Menschen, die von den Tornados des Lebens weggerissen werden, und jenen, die allem immer standhalten? Zwar auch verletzt, auch ängstlich, auch verzweifelt und fast ertrinkend in den eigenen Tränen. Aber sie bleiben hier, stehen im Tornado mit beiden Beinen fest auf dem Boden. Es ist die Macht! Die Macht ist der Schlüssel.

Die Tornados des Lebens haben eine ungeheure Macht, sie wollen diese Macht einsetzten, um zu zerstören, um zu vernichten. Doch es gibt Menschen, die tief in ihrem Herzen wissen, dass sie selbst machtvoll sind. Dass sie die Macht in Händen halten, alles zum Guten zu wenden. Es sind Menschen, die verstehen, dass in ihren Herzen eine Macht wohnt, die unsterblich ist, die alle Ewigkeit überdauert, und dass diese Macht größer ist als alle Tornados dieser Welt. Diese Menschen erkennen in jedem Tornado das Auge im Zentrum, das auf sie schaut. Sie schauen mit festem Blick zurück, und mit der Macht ihres Herzen sagen sie: »Ich bin, die ich bin und schon immer war.« Diese Menschen lernen mit jedem Tornado etwas über sich selbst. Sie erkennen im Inneren des eigenen Herzens den Krieger oder die Kriegerin des Lichts, und jeder Tornado macht sie nur stärker. Sie lernen, dass man es nicht immer jedem Menschen recht machen kann, dass es nichts mit ihnen zu tun hat, was andere über sie sagen oder denken. Sie lernen, dass es sinnvoll ist, einen leichten Weg zu gehen. Sie sind mutig und treffen mutige Entscheidungen, sie leben mehr im Jetzt als in der Vergangenheit. Diese Menschen fallen hin, stehen wieder auf und lächeln. Diese Menschen sind gerne allein, es macht ihnen keine Angst.

Um den Tornados des Lebens zu trotzen, brauchst du ein neues kraftvolles Herz-Chakra. Mache die Übung dafür noch einmal, und spüre die Kraft deines Herzens. Erwecke den Krieger oder die Kriegerin in dir. Nicht um zu kämpfen – der Innere Krieger oder die innere Kriegerin ist nicht nur dein Schwert, nein, in erster Linie ist er oder sie dein Schild. Und auch der Schild für andere Wesen, die Hilfe und Schutz brauchen. Niemand kann dich verletzen, jetzt nicht mehr.

NOTIZEN

....

....

....

....

....

Alle Zweifel loslassen

Dass wir ab und an zweifeln, ist normal, wir alle tun das. Doch oft passiert es, dass der Zweifel sich aufbläht und sich zwischen dich und deine Träume stellt. Er kann zu einer scheinbar unüberwindbaren Mauer werden. All deine Zukunftspläne reißt der Zweifeln in einem Augenblick nieder, trennt dich von Glück, Freude und Erfolg. Er ist glitschig, schlüpfrig und hinterlistig und schleicht sich immer wieder in deinen Kopf. Der Zweifel ist Ausdruck deines zerstörten Selbstvertrauens im Jetzt. Keine Seele, die inkarniert, bringt Zweifel mit, das ist die Errungenschaft dieser Inkarnation. Wir alle haben positive und negative Leben hinter uns. Wenn wir auf andere Leben zurückblicken, waren wir alle schon mal Opfer und Täter, wir alle wurden schon umgebracht, und wir alle haben schon getötet. Wir alle haben glückliche und erfolgreiche sowie unglückliche und erfolglose Leben hinter uns gebracht. Es ist allein unser zerrütteter Selbstwert aus dem Jetzt, der eine negative Erinnerung nährt, die nichts mehr ist als eine Schwingung. Jedoch kann diese Schwingung uns, wenn wir es zulassen, im Hier und Jetzt beherrschen.

Also bitte, schaue nicht auf vergangene Leben, und hole dir nicht von dort unschöne Begebenheiten in dein Leben, die deine Zweifel auch noch nähren. Du kannst jetzt alle Zweifel loslassen.

Beginne zu verstehen, dass all die vermeintlich negativen Erfahrungen lediglich Erfahrungen sind, die dich geprägt haben, die dich gestärkt haben, vielleicht haben sie dich sogar befreit. Oder vielleicht hast du mit deiner Erfahrung jemand anderen befreit, und dies war ein Dienst. Versuche, alle negativen Erfahrungen ins Positive umzukehren.

In uns gibt es eine Stimme, die dich kleinhalten will, diese Stimme ist keine Stimme deines Herzens, sondern eine Stimme, die von außen in dich eingepflanzt wurde, irgendwann einmal – wahrscheinlich warst du noch ein Kind oder ein Teenager. Diese Stimme flüstert dir zu: »Lass es bleiben, das wird doch sowieso nichts« oder »Nein, das kannst du nicht« oder »Dafür bist du zu dumm«. Wisse, dass diese Stimme nicht zu dir gehört. Sage ihr, dass sie schweigen soll. Erkenne, dass dies nicht die Stimme deines Herzens oder deiner Seele ist, denn diese Stimmen werden dich immer unterstützen, dir Mut machen und dir auch ab und an gute Ratschläge geben.

Taten können helfen, die negativen Stimmen loszuwerden. Mache z. B. ganz intensiv die Übung für das Hals-Chakra, lasse es in Violett leuchten. Mache etwas, was dir das Gefühl gibt: »Ich hab's geschafft«, und setze dich über deinen Zweifel hinweg. Zum Beispiel: Lerne etwas, was dir leichtfällt, oder treibe Sport und bringe dich in Form. Oder räume den Keller aus. Engagiere dich ehrenamtlich, z. B. bei der Telefonseelsorge. Lasse in dir das Gefühl von Stolz und Würde schwingen, denn diese Schwingungen bedeuten den Tod für den Zweifel, der dich kleinhalten will. Jeder Zweifel erzeugt eine niedere Schwingung in deinem System und jeder Glaube ein hohe. Die hohe Schwingung hilft natürlich dabei, dass sich Erfolg und Glück einstellen, während die niedere Schwingung Erfolg und Glück verhindert.

Höre auf, dem Zweifel so viel Aufmerksamkeit zu schenken, und stärke ganz bewusst dein Durchhaltevermögen. Hat etwas nicht geklappt? Egal, mach weiter. Zweifle nicht, sondern sei stolz auf dich, weil du es überhaupt versucht hast. Hinfallen – aufstehen, hinfallen – aufstehen … immer weiter, das ist das Leben, mache beides mit einem Lächeln auf deinen Lippen.

Jeder Mensch wird mit dem gleichen Mut geboren. Nur unser Umfeld bestärkt ihn oder nimmt ihn uns, mache dir das bewusst. Du kannst jederzeit deinen Mut wieder holen, denn nichts geht jemals wirklich verloren. Fange an zu glauben, und du wirst Berge versetzen.

Blättere zurück auf Seite 90. Dort steht dein Gebet, lies es jetzt laut. Spüre dich und deinen Mut in jedem Wort, das du dort niedergeschrieben hast. Fange an, an dich zu glauben. Du hast dir das Zweifeln einst angewöhnt, mehr ist es nicht. Du kannst es dir jederzeit wieder abgewöhnen.

Glaube, und sei überzeugt, und schon sind wir einen Schritt weiter in einer Neuen Welt, in der du mutig, kraftvoll und überzeugt von all deinen Taten bist, mit denen du letztendlich das Paradies erschaffen wirst – für uns alle.

Notizen

Momente der Achtsamkeit

Sei gnädig mit dir selbst!

Setze dich auf deinem Weg in die Neue Welt nicht unter Druck, hetze dich nicht, sondern sei weise. Erkenne deinen Weg aber auch deinen Rhythmus. Nimm einmal all deine Ansprüche an dich selbst etwas zurück, und genieße das Leben. Erkenne, dass dein Weg, aber auch dein Rhythmus, vollkommen sind, und erkenne, dass du alle Zeit der Welt hast. Vollkommenheit ist etwas Göttliches, und das hat überhaupt nichts mit Perfektion zu tun. Vollkommenheit ist frei von Bewertungen und Vergleichen, Perfektion ist dagegen eher so etwas wie eine Peitsche, die uns antreiben will, damit wir unseren Rhythmus nicht spüren, sie ist eine Erfindung der dunklen Seite des Seins.

Betrachte dich und dein Leben mit Gnade und mit den Erkenntnissen, die du bisher gewonnen hast – mit einem spirituellen Auge, einem Auge, das nach der Vollkommenheit der göttlichen Quelle Ausschau hält, und zwar in allem, was ist. Erweise dir die Gnade, auf Perfektion verzichten zu dürfen, und werde ein freier Mensch.

Zu oft waren wir Menschen in den letzten Jahren auf der Suche nach dem perfekten Job, nach dem perfekten Partner, nach dem perfekten Haus … und was hat es uns gebracht? Wir haben unseren Rhythmus verloren und unsere Wahrheit vergessen. Erweise dir die Gnade, innezuhalten, einzuatmen und zu sein, wer du bist. Lasse die Peitsche in deiner Hand los, du brauchst sie nicht, um erfolgreich zu sein. Sie wird dir nur Unglück bringen.

Wenn du bereit bist, dir selbst gegenüber Gnade walten zu lassen, dann passiert etwas Magisches: Du bist erfüllt von Leichtigkeit, und diese erlaubt dir, auch anderen Wesen gegenüber großzügig und gnädig zu sein. Gnade ist eine wundersame Qualität der Liebe. Sie wird aus einem hohen Bewusstsein heraus geboren und bringt uns Frieden. Sie schenkt dir die Erkenntnis, dass alles ein Geschenk ist.

DER BRIEF

Angenommen es gäbe eine Himmelspost, und die göttliche Quelle, also deine große Mutter und dein großer Vater, würden einen Brief an dich schreiben ... was würde da wohl drinstehen? Sicher würden sie dir mitteilen, wie stolz sie auf dich sind, wie wunderschön du für sie bist und wie sehr sie dich lieben – so, wie es alle Eltern mit ihren Kindern tun sollten. Sicher würden sie dich in all deinen Plänen und Träumen bestärken. Sie würden dir sagen, dass nichts wirklich schlimm ist, und dich trösten, wenn du Trost benötigst. Sie würden dir sagen, wie sehr sie dich schätzen und dass sie immer für dich da sind. Sie würden dich ermahnen, niemals zu vergessen, wer deine Familie ist, damit du all deine Brüder und Schwestern behütest. Und sie würden sicher sagen, dass du auf dich achtgeben sollst. Ganz sicher stünde nichts Negatives über dich in diesem Brief, sondern nur Lob, Anerkennung und Worte der Liebe. Es wäre ein Brief, der dich aufmuntert, dir Kraft gibt und dich an deine Träume erinnert – und daran, dass du unendlich viele Möglichkeiten hast.

Atme tief ein und aus, schließe die Augen. Visualisiere einen blauen Himmel und, wenn du willst, ein paar hübsche weiße Wolken. Empfange mit deinem Herzen diesen Brief. Schreibe deine Eingebungen nieder. Beginne den Brief mit: »Mein liebes Kind«, und beende ihn mit »In tiefer Liebe, deine göttliche Mutter und dein göttlicher Vater«. Ich weiß, das ist eine Herausforderung, mache dich jetzt nicht klein, sondern lasse die Worte fließen. Die göttliche Mutter und der göttliche Vater sehen deine wahre Größe, sieh du sie auch. Vielleicht heben sie eine besondere Situation hervor, oder sie lassen dich etwas wissen – vielleicht einen Hinweis, der wichtig für dich ist. Öffne dich, und lasse es fließen.

Wenn es dir schwerfällt, dann zünde Kerzen an, meditiere einen Moment, und höre schöne Musik. Möglicherweise hilft es dir, ein paar Minuten zu der Musik zu tanzen, danach setze dich erneut hin, und lasse es fließen:

....

....

....

....

....

....

....

....

....

....

....

....

Und nun lies diesen BRIEF noch einmal durch, und nimm jedes Wort tief in dein Herz auf. Du bist EINE TOCHTER/ EIN SOHN der göttlichen Quelle, und du wirst UNERMESSLICH GELIEBT.

Zeit für Entspannung

In unserer heutigen Zeit begleitet uns Anspannung fast tagtäglich. Unsicherheiten im Job, in der Beziehung oder auch auf dem spirituellen Weg verstärken sie noch. Angespannt oder verspannt zu sein, macht uns eng – innen wie außen – und lässt unsere Energien nicht gut und ungehindert fließen. Oft wird Anspannung von Unruhe, Nervosität und Kraftlosigkeit begleitet. Sie stört unsere Balance, wir finden nicht mehr in unsere Mitte und sind dadurch angreifbar.

Deshalb: Übe dich in inneren Reisen. Finde in dir eine Welt, die voller Wärme und vielleicht auch voller Abenteuer ist. Es gibt in dir einen heiligen Ort, einen Ort, an dem du Kraft tanken kannst. Dort wirst du Botschaften empfangen und dir selbst begegnen. An diesem Ort bist du vollkommen frei von allem, was dich kleinhalten und kontrollieren will. Öffne dich dafür. Du benötigst nur eine schöne Meditationsmusik, am besten ohne Gesang. Setze dich aufrecht, aber auch gemütlich in einen Sessel oder, wenn du willst, auf ein Meditationskissen. Und dann stelle dir vor, dass eine Lichtsäule vor dir entsteht, oder ein fliegender Teppich. In der Lichtsäule schwebst du langsam und von Licht getragen nach oben, bis du dann aus ihr heraustrittst und in einer wundervollen Landschaft stehst. Mit dem Teppich ist es ähnlich: Stelle dir vor, dass du darauf sitzt und er durch weiße Wolken fliegt, bis er dann aus den Wolken herauskommt und in einer ganz magischen Landschaft landet. Lasse dir Zeit, diesen Ort zu erkunden.

Reise immer wieder bewusst zu diesem Ort. Vielleicht werden ab und an verwirrende Energien versuchen, dich an einen anderen Ort zu bringen. Lasse dich von ihnen nicht beirren, hier ist deine klare und kraftvolle Absicht gefragt.

Erkunde diesen Ort, und nutze, was du findest. Gibt es dort eine heilende Quelle, so trinke das Wasser, stelle es dir vor. Gibt es heilende Pflanzen, so berühre oder iss sie. Begegnest du einem Engel, so sprich mit ihm, und frage, was er dich lehren will.

Beschreibe deinen inneren MAGISCHEN ORT:

Dieser Ort ist nur für dich. Er ist zum Ausruhen und Entspannen gedacht. Hier wirst du heilende Steine finden oder magische Gegenstände, hier findest du alles, was du brauchst. Nutze diesen inneren Ort, mache dort immer wieder eine Pause, und tanke auf. Er ist voller Magie, hier kannst du Dialoge mit Engeln, Krafttieren oder Meistern führen. Je öfter du zu diesem Ort reist, desto klarer wird er, desto kraftvoller kann er für dich wirken.

Auch auf der körperlichen Ebene ist es wichtig, immer wieder nach Entspannung zu streben, um den Energiefluss zu unterstützen. Heiße Bäder, z. B. mit Salz vom Toten Meer, können sehr wohltuend sein, aber auch Massagen oder ein Tanz. Versuche, deinen Körper geschmeidig zu halten. Und versuche immer wieder, dein Gesicht zu entspannen. Atme in dein Gesicht hinein, und dann beim Ausatmen entspanne deine Ohren. Nimm einen zweiten Atemzug in dein Gesicht hinein, und entspanne mit dem Ausatmen die feinen Muskeln um deine Lippen und deinen Kiefer. Nimm einen dritten tiefen Atemzug in dein Gesicht, und entspanne mit dem nächsten Ausatmen die Muskeln zwischen deinen Augenbrauen, und dann spüre, wie sich langsam alle Muskeln in deinem Gesicht entspannen.

Auch solltest du dein Gehirn entspannen. Stelle dir vor, dass Licht über dein drittes Auge einfließt und sich wie eine weiße Membran kraftvoll zwischen deine Gehirnhälften legt und sie ein ganz kleines Stückchen auseinanderschiebt. Spüre dabei, wie sich alte verkrustete Verbindungen lösen und das Licht nun wieder ungehindert und auf neuen Wegen durch deinen Kopf fließen kann. Fühle, wie tief dich diese kleine Übung entspannt und dir tiefen inneren Frieden schenkt.

Wiederhole diese Übungen und Visualisierungen immer mal wieder.

Die Magie der neuen Welt

Love is in the air

Liebe liegt in der Luft, und das ist wahr. Sie ist überall, in jeder Blume, in jedem Grashalm, in jedem Lied, das die Amsel bei Sonnenuntergang singt. Nimm diese Liebe wieder wahr. Als Kind konntest du das und bist für Momente oder Stunden aus der Zeit ausgestiegen. Zeit ist nicht existent im vollkommenen Raum der Liebe. Wenn du jemanden sagen hörst: »Ich war für einen Moment so verzaubert, dass die Zeit stehen blieb«, dann wurde diese Person wirklich verzaubert – von der Magie der Liebe. Dies kann der Anblick eines in voller Blüte stehenden und duftenden Fliederbaums vollbringen, oder der Anblick eines Rehs mit seinem Kitz auf einer kleinen Waldlichtung, die von der aufgehenden Sonne in goldenes Licht getaucht ist. Ein Schmetterling, der sich sanft auf deine Hand setzt, oder der Duft einer Rose. Diese Magie ist überall. Und sie ist so viel mehr, sie ist eine Möglichkeit, eine Chance, der Zeit zu entrinnen.

Ich bin sicher, wenn wir diese Liebe wieder in jedem Moment unseres Seins spüren können, wenn wir vollkommen in diesem Zauber schwingen, können wir eintausend Jahre alt werden. Und nach eintausend Jahren werden wir vielleicht sagen: »Nun ist es so weit, ich gehe nach Hause, denn ich bin erfüllt von Liebe.«

»Love ist in the air ...«, das ist nicht nur ein Songtitel, es ist eine Prophezeiung.

Magie – ein Zauber, der die Welt verändert

Dieses Wort, »Magie«, hat für viele Menschen einen merkwürdigen »Beigeschmack«. Für sie ist dieses Wort etwas Unbekanntes. Sie wissen nicht, was sie damit anfangen sollen, oder sie kennen Magie nur als etwas, was mit Tricks auf der Bühne zu tun hat. Die Wahrheit ist, dass Magie – neben der Liebe – eine Kraft in uns ist, die alles verändern kann. Dies erklärt, warum unsere »Gegner« dieses Wort etwas – na ja, wie soll ich sagen – entzaubert haben. Sie wollen, dass wir die Finger davon lassen. Doch wir sind Herzmenschen, und allein, das zu sein, ist magisch. Denn allein durch ihr Sein verzaubern, heilen und erlösen Herzmenschen diese Welt.

Vielleicht hört sich das für dich total verrückt und unrealistisch an, aber es ist die einzige Chance, die wir haben. Die Welt und alles Schlechte in ihr kann sich nur durch die Menschen verändern – durch das Sein der Menschen. Und irgendeiner muss anfangen, du und ich, wir sind die Pioniere, wir fangen an. Wenn wir es nicht tun, wer sonst? Suche nach dem Zauber in deinem Herzen, nach deiner Liebe zu allem, was ist. Höre auf zu meckern, zu jammern und dich zu beklagen, sei ein Herzmensch.

Magische Handlungen wie Rituale können dir helfen, Energien zu bündeln, sie zu lenken und gezielt einzusetzten. Sicher, diese Macht wurde missbraucht, wurde für eigene und gierige Zwecke eingesetzt – oder auch aus Angst heraus. Ein Herzmensch wird diese Macht nicht missbrauchen, sondern sie wie ein göttliches Licht zum Wohle aller Wesen einsetzen. Zwar haben unsere Gefühle, Emotionen und Gedanken eine große Macht über uns und unser Leben, ja, haben sogar einen großen Einfluss auf unsere DNA.

Aber alle Kräfte dieser Welt verblassen vor unserer größten magischen Kraft, dem Wort.

Möglicherweise müssen wir alle noch ein letztes Mal in den Krieg ziehen, einen inneren Krieg gegen die Kräfte der Emotionen und Gedanken, die unser Wort schwächen. Gegen die Gedanken des Zweifelns. Der Sieg in uns ist, wenn sich Wort und Emotion verbünden, frei von Zweifel. Ein Wort, verbunden mit Gefühl oder Emotion, ist unsere größte Kraft. Diese Verbindung ist eine lichtvolle spirituelle Magie mit der höchsten schöpferischen Kraft.

Magie ist überall, sie umgibt uns, durchdringt uns, ist immer da. Wenn wir einen Samen in die Erde stecken, und daraus wächst eine Pflanze, dann ist dies magisch. Sicher, die Wissenschaft erklärt uns dies mit Formeln und Zahlen, damit der Kopf etwas Greifbares hat, aber unser Herz ist gelangweilt von all diesen Zahlen und Formeln, das Herz sieht den Zauber, und der ist unerklärlich, ist nicht zu berechnen. Unser Herz erkennt das Göttliche und Vollkommene darin. Magie ist, wenn ich dir sage »Ich liebe dich« und du davon berührt bist und ein Lächeln über dein Gesicht huscht, dann habe ich dich verzaubert und mit Worten berührt. Diese Magie ist machtvoller, als wir alle glauben, und sie wird bewusst und unbewusst ständig angewendet, leider oft auch um andere kleiner zu machen, traurig und kraftlos.

Magie war von Anfang an da, der Urknall oder eben der Beginn unserer Existenz war ein magischer Akt. Es erwachte ein Universum von feinster Perfektion, wie zarte feine Wellen. Mit sehr viel Gefühl entstand zwischen den Kräften eine Balance. Und dann, kurz darauf, wurde der Raum der Ungenauigkeit erschaffen, denn dieses bedarf es, wenn Wachstum stattfinden soll. Es entstand eine Balance zwischen der Kraft des stetigen Wachstums des Universums und der Kraft, die die Verdichtung der Materie steuert, die anziehende oder zusammenziehende Energie. So wurde die Grundlage für die Entstehung allen Lebens geschaffen. Wahrlich magisch.

Es gab von Anfang an eine männliche und eine weibliche Schwingung, das Ausdehnende und das Anziehende. Sehr wichtig war die Erschaffung des Raums der Ungenauigkeiten! Man könnte diesen Raum auch den »Raum der Möglichkeiten« oder »Schicksalslicht« nennen oder die »Halle der Götter«. Dieser Raum war in dieser Zeit ein leerer Raum, der erst später gefüllt werden sollte. Alles ging sehr schnell, alles war magisch. Das Universum dehnte sich aus, und es entstand die erste Materie, winzige Teilchen. Nach vierhunderttausend Jahren entstanden die ersten Töne und das Licht. Sie entstanden aus einem Gedanken und einem Gefühl, einer männlichen und einer weiblichen Schwingung. Kannst du es fühlen, wenn du über die Geburt unseres Universums liest? – Magie, alles war Magie. Irgendwann gab es Menschen auf der Erde. Noch gab es keine Religionen, aber Magie und magische Handlungen, wie z. B. die Höhlenmalerei. Die Menschen haben die Gazellen und Urrinder nicht an die Höhlenwände gemalt, um ihre Behausung zu verschönern. Es war ein Ritual, sie wollten damit erreichen, dass die Herden dieser Tiere niemals kleiner wurden, niemals weggingen, denn sie ernährten sich davon. Es war auch eine Form, Dankbarkeit auszudrücken, die im Übrigen neben der Liebe die mächtigste Energie ist, wenn wir sie fließen lassen.

Religionen wurden nicht gebraucht, sie sind keine Macht, die Leben oder Liebe erschafft. Religionen wollen uns glauben machen, dass wir Gott und der Natur gegenüber machtlos sind. Die Magie hingegen lehrt uns, dass wir machtvoll sind und Einfluss haben, dass wir Mitschöpfer sind. Dieses Buch wird durch deine und meine Energie zu einem magischen Buch werden, weil wir es wollen, weil wir es glauben und weil wir Schöpfer sind. Die Magie gehört zu uns, und sie ist nichts Merkwürdiges oder Unheimliches, sie ist etwas ganz Natürliches. Wenn die Magie dich ruft, wirst du sicher einen passenden Lehrer finden. Jemanden, der dich liebevoll an die Hand nimmt und dir deinen magischen lichtvollen Pfad zeigt.

NOTIZEN

....

....

....

....

....

....

....

....

....

....

Seelenherz

Unsere Seele ... unser energetischer Körper ... die Matrix ... das multidimensionale »Gebilde«, das wir sind – welche Formulierung du auch bevorzugst – hat ein Herz, ebenso wie dein physischer Körper ein Herz hat. Das Seelenherz sitzt hinter dem physischen Herz und ist über eine helle feine Lichtschnur mit unserem göttlichen Kern im Zentrum unseres Herz-Chakras verbunden. Unsere Seele ist körperlos, sie ist Schwingung, Licht, Ton, Farbe und Energie. Oft wird gesagt, dass die Seele im Körper wohnt, doch es ist umgekehrt, der Körper wohnt in der Seele. Unsere Seele ist eine Matrix, ebenso wie unser Seelenherz.

Sicher kannst du dich erinnern, dass ich in den Kapiteln über die Chakren einige sogenannte Chakren als Matrix bezeichnete. Ein Chakra ist ein feinstoffliches Sinnesorgan. Wir nehmen damit Licht, Schwingungen, Töne, Emotionen usw. aus der Umwelt auf und verarbeiten sie dort. Das funktioniert ähnlich wie bei unseren anderen Sinnesorganen, z. B. unserer Nase: Wenn wir etwas riechen – vielleicht etwas, was wir gerne essen –, dann laufen daraufhin viele Reaktionen durch unseren Körper: Wir bekommen Appetit, uns läuft das Wasser im Mund zusammen, vielleicht verbinden wir den Geruch auch mit einer schönen Erinnerung, mit einer geliebten Person, und vieles mehr. Auch unsere Chakren reagieren auf das, was wir wahrnehmen, und geben diese Impulse an unser System weiter, jedoch sind wir uns dessen oft nicht bewusst und spüren daher nicht immer, was über sie in uns eindringt.

Eine Matrix ist ein Speicher, auch deine Seele ist eine Matrix, sie enthält dein gesamtes, gereinigtes und lichtvolles Potenzial. Dein Seelenherz ist das Zentrum dieser Matrix, von dort aus wird die

Seele mit Licht, mit Energie versorgt. Wenn wir uns aus dem Körper lösen, wenn wir sterben, dann lösen sich auch alle Chakren auf, aber nicht jene, die eine Matrix sind. Das bedeutet, dein Seelenstern und alle darüberliegenden Chakren bleiben in der Seele erhalten, ebenso das Ananda-Khanda-Zetrum. Nur der Erdstern löst sich von uns, er fließt in den großen Geist von Mutter Erde zurück, dorthin, woher er bei unserer Geburt kam.

Das Seelenherz ist ein Lichtträger und Lichtempfänger, das Seelenherz nährt mit diesem Licht die Seele. Das Seelenherz kooperiert mit dem physischen Herzen und dem Herz-Chakra, nimmt also Licht über das Herz-Chakra auf. Im Herzen werden alle Emotionen und Gefühle in Licht und Energie umgewandelt und an das Seelenherz weitergegeben.

Tiefe Emotionen, erzeugt durch die Erweiterung unseres Bewusstseins, sind Lichtgeber von ganz besonders großer Kraft, wie z. B. beim Erleben einer Einweihung. Wenn wir Engeln begegnen, dann können wir ihre Liebe als Licht aufnehmen, sie nähren unser Seelenherz. Aber auch der Geist von Lady Gaia schenkt uns dieses Licht, das wir für unser Seelenherz brauchen. Der Geist unserer großen Mutter drückt sich in jedem Baum, in jeder Blume und in jedem Stein aus. Du kannst den Geist der großen Mutter in den Wasserfällen und Flüssen spüren, in den Bergen und Tälern. Du kannst ihren Geist hören, wenn der Wind singt, und fühlen, wenn du deine Hände auf die Erde legst. Unsere große Mutter überschüttet uns mit ihrer Vielfalt, mit ihrer wilden Vollkommenheit und mit ihrer tiefen uralten Liebe. Wenn das Leben vorüber ist, dann erwacht das Seelenherz. Bei jeder neuen Inkarnation verliert das Seelenherz an Licht, dieses Licht wird als Energie und Kraft für die Geburt und die Verbindung mit der Materie gebraucht.

Das Seelenherz ist also darauf angewiesen, dass wir im Laufe des Lebens dieses Licht wieder zuführen, also auffüllen. Wenn wir dies versäumen, dann finden wir den Weg nicht zurück. Das Licht im Seelenherz ist die Energie, die die Seele wieder zur göttlichen Quelle allen Seins zurückbringt. Wenn zu wenig Licht da ist, dann liegt dieser Weg zur Quelle im Dunkeln. Dies ist die einzige und wahre Dunkelheit, außer ihr haben wir nichts zu befürchten. Die Seele verirrt sich, sie inkarniert wieder, ohne mit der Liebe der göttlichen Quelle in Berührung gekommen zu sein – dies ist der ewige und einzige Tod. Diese Seelen bringen mit, was sie in sich tragen – Dunkelheit. Doch in jeder Inkarnation haben sie immer wieder erneut die Chance, das Seelenherz mit genügend Licht zu versorgen. Wir, die Herzmenschen, können jenen helfen, die den Weg nicht zurückgefunden haben, jenen, die in einer ewiglichen Entbehrung der göttlichen Liebe ein Leben vergeuden. Denn ohne diese Liebe als ein ewiger Funke des wahren Lebens in uns ist diese Zeit auf Erden trostlos und von Dunkelheit und Angst beherrscht. Wir können diesen Menschen Licht schenken, denn wir haben mehr als genug. Das Licht überträgt sich mit Liebe von Herz zu Herz. Und wir können versuchen, diese Menschen mit unserem Sein zu berühren. Wenn wir ein Leben in Liebe und Glück leben, als Vorbild da sind, ohne missionieren zu wollen, dann können wir solche Menschen erreichen. Sie werden Fragen haben, sie werden es anfänglich nicht verstehen und vielleicht sogar aggressiv und ablehnend reagieren. Doch wir werden sie lieben, wir alle haben Zeit, und am Ende wird es gelingen. Sie werden lernen, dass die Liebe überall ist, und auch das Licht, das sie brauchen.

Von der 3. in die 5. Dimension

In der spirituellen Welt wird viel vom Wechsel in eine andere Dimension gesprochen und auch geschrieben. Oft schon habe ich gehört, wie spirituelle Menschen etwas abfällig von der »3-D-Welt« oder von den »3-D-Menschen« gesprochen haben. Allein, das zu tun, bedeutet für mich, dass diese Person selbst noch mit dieser Dimension verhaftet ist. Alles, was du ablehnst oder was dich emotional berührt, ist in deiner Welt vorhanden bzw. ist eben auch deine Welt. Eine Person, die keine spirituellen Bücher liest oder Workshops besucht, kann durchaus schon längst in der 5. Dimension sein. Es ist nicht erforderlich, sich in der 5. Dimension mit Namasté zu begrüßen, der göttlichen Quelle ist ein »Guten Tag«, das von Herzen kommt, ebenso recht. Auch jemand, der noch nie etwas von unterschiedlichen Dimensionen gehört hat, kann durchaus schon in der 4. oder 5. Dimension schwingen.

Viele Menschen wissen nicht so genau, was es bedeutet, in der 3. oder 4. Dimension zu sein, deswegen will ich es an dieser Stelle ein wenig erläutern:

Die Dimensionen, von denen gesprochen wird, meinen keine Orte, wie zum Beispiel eine andere Galaxie oder einen anderen Planeten. Sie meinen viel eher etwas in uns, unser Bewusstsein, das entweder im Zustand der 3. oder 4. Dimension schwingt oder vielleicht sogar schon in der 5.

Die inneren Dimensionen haben etwas mit den Möglichkeiten zu tun, die wir durch unser Bewusstsein erkennen und ebenso erschaffen. Es handelt sich bei den höheren Dimensionen um ein erweitertes Bewusstsein.

Die 3. Dimension ist ein sehr enger »Raum«, hier glauben die Menschen an die Linearität der Zeit, und sie denken, dass ihre Möglichkeiten begrenzt seien. Normen und Barrieren sind festgefahren, man erkennt nicht die Vielfalt unzähliger Möglichkeiten. In der 3-D-Welt herrscht die Angst: Angst vor Verlust. Und hier herrschen der Kontrollwahn und die Gier. Eine Frage, die die Menschen an der 3. Dimension haften lässt, ist zum Beispiel: »Was denken wohl die anderen über mich?« Hier ist die Erkenntnis, dass wir überhaupt nichts mit dem, was andere denken, zu tun haben, noch nicht vorhanden. In der 3. Dimension ist alles an Bedingungen geknüpft, an Erwartungen. Bedingungslose Liebe ist in ihr nicht existent. Liebe ist hier ein Wort, das etwas beschreibt, was wir uns wünschen – wir wollen geliebt werden und erkennen nicht, dass wir schon lange unermesslich geliebt werden. Die 3-D-Welt ist eine Welt, die sich auf alles Negative (Krieg, Hunger, Geldgier) ausrichtet, oder besser gesagt: eine Welt, die das Negative besser aufnimmt als das Positive – die Übermacht des Negativen ist ihre Wahrheit. Die Wahrheit der 4-D-Welt ist, dass es viel mehr Frieden auf der Welt gibt als Krieg, viel mehr Liebe als Hass, viel mehr Gutes als Schlechtes, und somit kann sich all dies auch mehr ausbreiten, weil wir das Negative mit unserem Glauben und unseren Gedanken nicht mehr nähren.

Die 3-D-Welt wird sich auflösen, es wird sicher noch etwas dauern, aber sie ist keine Option für unsere Zukunft. Die Energien erhöhen sich. Die Sonne tut, was sie tun kann, um uns mit ihrer schöpferischen Kraft in die nächste Dimension zu erheben. Wir werden uns verändern: Unser Gehirn wird sich ein Stück weiter öffnen. Wir benutzen bisher weniger als 10 % unseres Gehirns, doch schon bald werden sich hier Veränderungen zeigen. Viele glauben nicht daran – so wie sie einst nicht daran geglaubt haben, dass die Erde rund ist. Doch dies wird unsere Entwicklung nicht aufhalten. Stillstand gibt es nicht, wir sind lebende Wesen auf einem lebenden Planeten, und das bedeutet Entwicklung. Einst gab es Menschen, die nicht daran geglaubt haben, dass Fliegen möglich ist, oder Telefonieren ohne Schnur. Heute gibt es viele Menschen, die an eine 4. und 5. Dimension glauben, die wissen und fühlen, dass sie da ist. Und schon sehr viele haben längst diesen »Raum« im Inneren betreten.

In der 4. Dimension erfahren wir Leichtigkeit, und wir leben in der Gegenwart und kreieren von hier aus unsere Zukunft. In der 3. Dimension leben wir in der Vergangenheit und erschaffen von dort aus die Zukunft, die dann meist schwer und von negativen Erfahrungen geprägt ist. Wir erkennen nicht, dass wir diese Möglichkeit haben. In der 4. Dimension ist diese Möglichkeit selbstverständlich.

Unsere Körper, egal ob grobstofflich oder feinstofflich, kennen nur die Gegenwart, sie leben im Jetzt. Wenn wir also mit unseren Körpern verbunden und im Einklang sind, schwingen wir automatisch im Jetzt. In der 3-D-Welt wird der Körper nicht gefühlt, na ja, oder nur dann, wenn er wehtut.

In der 4-D-Welt angekommen, erkennen wir, dass alles möglich ist, dass wir die Wahl haben. Und allein diese Erkenntnis lässt uns in göttlicher Freude schwingen, hier gerät das Innere Kind in Verzückung. Eine weitere machtvolle Erkenntnis schwingt nun in uns. Wir erkennen, dass für jede Frage, die wir in uns tragen, ebenso die Antwort in uns schwingt, dass es das eine ohne das andere überhaupt nicht gibt. Jemand, der nicht weiß, was ein Auto ist, kann keine Frage bezüglich eines Autos stellen. Jemand, der nicht weiß, wer Gott ist, trägt auch keine Fragen über Gott in sich. Jemand, der nicht weiß, dass er eine Seele hat bzw. ist, stellt keine Fragen über seine Seele. Antwort und Frage gehören zusammen wie Schatten und Licht.

In der 5. Dimension erkennen wir dann tief in uns, dass die Antwort immer vor der Frage existiert. Die Welt der 5. Dimension betreten wir als Meister und Meisterinnen. Dort beherrschen wir unsere Gedanken und leben unser Potenzial im Einklang mit allen anderen Wesen in allen Welten, in allen Zeiten und in allen Dimensionen. Hier sind wir freie Wesen – frei von Ängsten, frei von Beurteilungen, frei von Erwartungen, frei von Zeit und frei von der Herrschaft der Materie über uns.

Die Dimensionen überlappen sich, das bedeutet, wir können z. B. in der 4. Dimension schwingen, aber in bestimmten Bereichen unseres Lebens oder in Bezug auf bestimmte Themen, die noch nicht verstanden sind, wieder in die 3. Dimension wechseln. Das ist der momentane, aber vorübergehende Zustand für die meisten von uns. Die 5-D-Welt erreichen wir erst, wenn wir die 3-D-Welt vollkommen verlassen haben.

Dieses Buch ist das Handwerkszeug für dein Upgrade in den nächsten Level.

Nachwort

Dieses Buch ist nicht einfach nur ein Buch, es ist ein Ritual. Es ist ein Zauberbuch.

Als Ritual kann es nur funktionieren, wenn ganz vorn im Buch dein Name steht und du wie aufgefordert Fotos von dir eingeklebt hast. Nun, wenn alle Fotos drin sind, du die Übungen gemacht und alle Gedanken notiert hast, dann überlege dir, ob du für dieses Buch einen Einband basteln willst und ob du ihm einen ganz eigenen Titel geben möchtest, wie z. B.: »Mein persönlicher Weg in die 5. Dimension« oder »ICH & mein Leben im Glück«. Vielleicht muss dein Buch einen goldenen Einband bekommen oder einen weißen oder einen schwarzen. Vielleicht passt ein Titel wie »Mein Orakel« oder »Gottes Gnade« gut zu deinem Buch. Denke darüber nach.

Dann lege dieses Buch präsent auf deinen Altar oder neben dein Bett. Lege deine Hand darauf, konzentriere dich auf all die Chakren, die du mit den Übungen aktiviert hast. Spüre sie für einen Augenblick, und spüre das Schwingen der goldenen Achten. Ziehe aus jedem Chakra einen Tropfen der neuen Energie, des neuen Farbtons, in deine innere göttliche Quelle. Lasse die Töne dort verschmelzen, und dann lasse dieses Elixier über deine Hand in das Buch fließen. Sage laut:

»Mit der Macht meiner lichtvollen Magie und mithilfe der Geistigen Welt bewirke ich die Erschaffung der Neuen Welt, jetzt, voller Liebe, Frieden und Freiheit, innen wie außen, oben wie unten. Alles schwingt in göttlicher Liebe und zum Wohle aller Wesen, in allen Zeiten, in allen Welten und in allen Dimensionen. Frei fließt mein Geist, frei fließt meine Macht, es ist vollbracht. So ist es.«

Lasse das Buch so lange liegen, bis es dich ruft. Das kann schon am nächsten Tag sein oder in einer Woche, in einem Monat oder in einem Jahr. Wenn es dich ruft, lege kurz deine Hand darauf, und dann schlage es auf wie ein Orakel, und lies. Öffne dabei ganz weit dein Herz, und erkenne, was es dir sagen will. Möglicherweise sollst du die ein oder andere Chakraübung noch einmal machen oder über deine Regeln in einer Neuen Welt nachdenken und etwas ändern oder hinzufügen. Wenn die Seiten für die Notizen nicht ausreichen, lege oder klebe einfach leere Blätter ein.

Ich lege einen lichtvollen Zauber über dieses Buch. Es wird sich mit all den anderen Büchern verbinden, damit ein gemeinsames Feld all der Menschen entsteht, die sich eine Neue und befreite Welt wünschen und daran arbeiten. Ihr werdet euch begegnen. Als Herzmenschen werdet ihr euch erkennen, und ihr werdet mit der Kraft eurer Herzen alles heilen, was der Heilung bedarf, zum Wohle aller Wesen, in allen Zeiten, in allen Welten und in allen Dimensionen. So ist es.

Ich kann dir nicht sagen, woher plötzlich die Idee kam, dieses Buch zu schreiben. Sie kam mir in den Rauhnächten. Ich überprüfte gemeinsam mit der Geistigen Welt die Inhalte meines Workshops »Avalon Projekt«, denn ich spürte einen starken Wandel. Ich wollte sichergehen, dass alle neuen Töne der Chakren für das kommende Jahr noch passend waren. Ich fing einfach an, alles aufzuschreiben und bin unendlich dankbar, denn ich konnte mir selbst beim Schreiben der einzelnen Kapitel ein großes Stück näherkommen. Mir wurde klar, wo und wie ich noch an mir zu arbeiten habe und auch wie wundervoll und magisch der Weg ist, den wir gemeinsam gehen.

Und so bleibt mir an dieser Stelle nichts weiter zu tun, als dir zu sagen:

Lasse dieses Buch niemals los, halte es in Ehren, und arbeite immer wieder damit. Ich danke dir von ganzem Herzen, denn nun gehen wir Seite an Seite in unsere Neue Welt – eine Welt, die wir zusammen erschaffen, eine gute Welt, eine freie Welt, eine heile Welt … DANKE!

Mögen alle Wesen frei und glücklich sein.

Über die Autorin

Christine Arana Fader, die »Drachenfrau«, wurde im Jahr 2000 von der Geistigen Welt mit der Drachenenergie verbunden. Zehn Jahre lang wurde sie von lichtvollen Wesen und den Drachen geschult, bis sie 2010 mit ihrer Arbeit an die Öffentlichkeit ging. In den Jahren 2003 und 2004 stellte sie fest, dass sich zwei ihrer Chakrafarben umstellten. Intensiv arbeitete sie mit den neuen Tönen in ihrem System, es war damals ein langsamer Prozess.

2009 begann Christine Arana Fader Weisheiten und Trancereisen zu notieren. Von da an führte sie die Geistige Welt zurück nach Avalon. Die Energien der Heiligen Insel schenkten ihr Kraft, Kampfgeist und Mut, um neue Wege zu gehen.

Mit ihren Workshops, Büchern, Kartensets und CDs möchte sie die Weisheiten und die Botschaften, die sie von der Geistigen Welt erhält, mit allen teilen, um in die Herzen der Menschen einen lichtvollen Samen zu pflanzen für eine Neue Welt.

www.goldkamille.de

Bildnachweis

Bilder von der Bilddatenbank www.shutterstock.com:
Schmuckelement: Weltkugel #151636535 (Sergey Nivens), S. 176: #115584643 (Subbotina Anna), S. 166: #226288213 (Smit), S. 98: #393367726 (Romolo Tavani), S. 86: #389383780 (muratart), S. 14: #151636535 (Sergey Nivens)